TURING
图灵教育

站在巨人的肩上
Standing on the Shoulders of Giants

TURING 图灵经典

咨询的奥秘

寻求和提出建议的智慧 珍藏版

[美] 杰拉尔德·M. 温伯格（Gerald M. Weinberg）———— 著　　劳佳————译

人民邮电出版社

北京

图书在版编目（CIP）数据

咨询的奥秘 ：寻求和提出建议的智慧 ：珍藏版 /
（美）杰拉尔德·M. 温伯格著 ；劳佳译. -- 北京 ：人民
邮电出版社，2024. 8. --（图灵经典）. -- ISBN 978
-7-115-64625-5

Ⅰ. C932.6

中国国家版本馆CIP数据核字第202412CD61号

内 容 提 要

这是一本在全球咨询领域畅销多年的经典著作。它不仅仅是一本关于咨询的书，更是一本关于相处之道的书。作者通过对自己25年专业经验的总结和提炼，从系统科学和心理学的双重视角，精辟地归纳出了各种规则、定律和原理，其中包括如何在竞争激烈的咨询市场中脱颖而出、如何为咨询服务定价和拓展市场、如何衡量咨询服务的有效性，以及如何处理咨询顾问与客户的关系等。

本书不仅能为专业的咨询人士指出成功之道，也对普通读者在日常生活中如何与人相处具有极大的借鉴意义。

◆ 著 [美] 杰拉尔德·M. 温伯格（Gerald M. Weinberg）
　 译 　　劳 佳
　 责任编辑 　王振杰
　 责任印制 　胡 南

◆ 人民邮电出版社出版发行　　北京市丰台区成寿寺路 11 号
　 邮编 100164　 电子邮件 315@ptpress.com.cn
　 网址 https://www.ptpress.com.cn
　 固安县铭成印刷有限公司印刷

◆ 开本：880×1230　1/32
　 印张：9.75　　　　　　　 2024 年 8 月第 1 版
　 字数：225 千字　　　　　 2025 年 7 月河北第 4 次印刷
　 著作权合同登记号　图字：01-2013-4005 号

定价：69.80元
读者服务热线：(010)84084456-6009　印装质量热线：(010)81055316
反盗版热线：(010)81055315

版权声明

推荐序

阅读本书是一场非常特别的体验。本书唤起了我的幽默感，让我意识到了人性的弱点，了解了人体系统是如何运转的。最特别的是，本书拓宽了我的视野，让我知道变化是如何发生的，以及一名顾问怎样才能在所处的环境中做到卓有成效。

本书思想深刻，表述幽默而生动。杰拉尔德·M.温伯格让我备受启发，而不会充满戒备。阅读本书的时候，我能和他笔下的人及问题产生共鸣，快乐地自嘲，并从适用于自己的情景中学到知识。

本书远不只是一本顾问手册，它实际上在告诉人们如何才能掌控自己的成长。作为家庭治疗师，我发现，如果把由父亲、母亲和孩子构成的家庭关系联系起来，将有助于我们理解人的行为以及顾问和客户之间的关系。父亲和母亲自然已经成年，孩子则完全依赖成年人。我们从出生到成年所学的东西都与此息息相关。虽然很多东西是我们在无意识中学到的，但这个过程还是让我们认识了自己以及自己对于世界的重要性。它也培养了我们应对问题的能力，而这正是顾问所强调的。

不管我们有没有意识到，也无论是客户还是顾问，我们童年时期学到的基础知识还在发挥着作用。这些强大的潜意识中的知识有时会阻碍我们获得期望结果，温伯格经常为此善意地戏弄一下读者或者自嘲。例如，我们每个人都需要他人赞赏和公开认可我们的成功。儿子骑着自行车，骄傲地说道："快看，妈妈，我不用手扶也能骑车！"他希望妈妈会笑一笑。可如果妈妈没有笑，孩子的需求就没有得到满足。直到成年，他可能仍然在寻找那份笑容，只不过身边早已物是人非。

我们当中的很多人既希望和需要求知，同时又害怕表达需求后遭到拒绝。我们心想："说到底，如果我够聪明，应该已经无所不知，也能够很好地处理每一种情况。如果我没能做到，那就表明我软弱、愚蠢、荒谬或无能。我无法承认这样的缺陷。"一旦作出了这样的自我解释，大多数人就会开始躲闪，要么隐藏自己的真实感受，要么把这种感受转嫁到他人身上，比如心里想："我并不需要你。如果看似需要，那大概是你看走眼了。"

给予帮助、提供新的应对办法是顾问的工作，但顾问要想成功，工作时就要考虑到上述客户顾虑。客户请顾问来帮忙，实际上就是在有声或无声地说："我需要你，但我不能说得那么直接，所以请你找到一种方法来帮我，同时不要让我否定自我价值。"睿智的顾问在回答时，既能认可客户的自我价值，也不会降低他自己的价值。否则，就不会有什么真正或持久的变化发生。

作为睿智的顾问，温伯格在许多不同的环境下说明了这关键的一点。他指出了应对客户顾虑的有效又有趣的方式，并且经常称赞那些知道何时应向谁求助的客户，认为他们这样做是明智而非无能的表现。在这种情况下，客户和顾问都在学习中成长，都感觉很好。

说到底，咨询的奥秘，讲的不就是成长、能力和良好的人际关系吗？换句话说，就是让我们对自己和别人都感觉很好，也让我们感到期望和目标都得到了满足。

维吉尼亚·萨提亚

家庭治疗先驱

译者序

咨询——一个经久不衰、至今仍炙手可热的行业，吸引着无数学子与专业人士投身其中。细想"咨询"二字，无非是"有问于人"。有问则必有答，回答问题的一方，无论是否拥有"顾问"这个头衔，事实上都是咨询顾问。如何找到问题的根源（或者干脆不去找），如何解决（或者不去解决）一个问题，如何获得对方的信任，让自己的答案发挥最大的效用，甚至如何推销自己、招徕生意等，这些都是各行各业的人士每天都面对的难题。

国内外咨询、沟通方面的书籍汗牛充栋，温伯格的《咨询的奥秘》一书自首次出版迄今已近四十年，一直长销不衰。在本书一个个诙谐且富有寓意的故事背后，是作者在数十年业界经历中对"咨询"这一过程深刻体察后凝炼出的睿智见解。它们早已超越了咨询行业的界限，相信无论你是"问"还是"答"的一方，本书都能带给你一些启迪。

翻译本书是一次难忘的精彩体验。读到作者精心设计的故事，有会心一笑处，有拍案叫绝处，有掩卷沉思处，当然也有不少为巧妙的文字游戏而绞尽脑汁处。限于水平，译文仍有不尽如人意乃至错漏之处，还望读者批评指正。

感谢图灵编辑为本书付出了很多心血，我的父母和妻子也一如既往地大力支持我的工作，在此向你们表达深深的谢意。

劳佳

前　言

如果你是一名咨询顾问，或者曾经请过顾问，那么本书就是写给你的。这可是个很大的范围，因为如今差不多每个人都算得上某种顾问，比如硬件和软件顾问、社会工作者和心理医生、管理顾问和工作顾问、能源顾问和资讯顾问、安全顾问和事故顾问、美容顾问和化粪池顾问、顾问医生和顾问律师、婚礼顾问、装修顾问、遗传咨询师、家庭治疗师、经济顾问、破产顾问、退休顾问、葬礼顾问等。

这些还只是专业人士。你问邻居用什么给草坪除杂草的时候，就是在进行咨询；女儿问你该上哪所大学的时候，你自己就成了顾问。至少在美国，你不用领营业执照就可以建议别人应该买什么车，或是帮别人看看到阿卡德尔菲亚①最近的路是哪条。

既然顾问有这么多类型，那他们有什么共通之处呢？怎么才能让他们都愿意看这本书呢？我对咨询（consulting）的定义是**应人们的要求去影响他们的艺术**。因为人们需要某种变化或担心发生某种变化，所以他们会去做这样那样的咨询。

很多人在影响他人时并不是应对方的要求。法官可以判你做30年苦役，老师可以让你看30页很难的书，老板可以派你出30天苦差，

---

① 阿卡德尔菲亚是一座位于美国阿肯色州的城市，是阿肯色州中部的一个人口中心。——编者注

神父可以让你念 30 遍祷文。法官、老师、老板和神父也可以充当顾问，但不是在上面那些情况下，因为这些影响是通过某种权力体系施加的，不一定是被影响者自愿接受的。

其他一些产生影响的人虽然没有权力，但因为别人没有要求，也算不上顾问（consultant）。说起这一类人，我就想到汽车经销商及其他推销员。同样，他们也可以充当顾问，但在没经你的要求就向你推销的时候，他们就不是顾问。

别人称你为"顾问"并不意味着你真的是顾问。很多人的头衔是顾问，但这只是为了让他们的无聊工作显得比较光鲜罢了。比方说，某些"软件顾问"其实就是彻底的辅助编程劳动力。他们的"客户"最不想要的就是受他们影响，而只是把他们当作编代码的苦力罢了。不过比起那些普通的头衔，称这些临时工为"顾问"还可以少付他们几块钱呢。

相反，即使没有顾问的头衔，你仍然可以是一名顾问。任何职员都是一线管理人员的顾问。他们雇你的时候，就是在请求你对公司施加影响（否则雇员工干什么）。不过你拿了一段时间的工资之后，他们可能就忘了是让你来帮忙的。有时候连你自己都忘了，所以你和公司请来解决某个特定问题的外部人员还不太一样。

这不是一本教你如何当上顾问的书。当上顾问很容易，你很有可能已经**是**一名顾问了，因为只要应别人的要求对其施加影响，你就变成顾问了。你恰恰是在接受请求**之后**才需要帮助的。成为全职顾问后，我很快就发现，很少有人在自己很理智的时候想要别人来施加影响。因此，顾问往往会比常人看到更多非理性的行为。比如，你可能已经发现，很多人征求了你的意见，然后却因为你给出的意见而愤怒地攻击你。这种非理性会把顾问逼疯，但如果你能应付，它就会为你带来财富。

不过我还是有应付不来的时候，此时会通过写书来恢复理智。任何因为不理性而买我书的人可能都想寻求我的影响，不过至少我不用面对面地给出建议——这也就是我的书比我的咨询费便宜的原因。

然而大多数时候，我还是很喜欢与客户直接互动的，只要我能忍受他们的不理性。如果还想干这行，我似乎只有如下两种选择：

1. 保持理性，然后被逼疯。
2. 变得不理性，然后被别人称为疯子。

多年来，这两种选择一直让我痛苦不已，终于我想到了第三种选择：理性地看待非理性。

本书谈到了我在看似非理性的行为中发现的理性方面，这些非理性行为无外乎都是要寻求影响。这就是咨询的奥秘。本书的书名表明它是写给顾问看的，但它实际上是写给所有对我们这个不理性的世界感到困惑并想加以改变的人看的。这个读者群可谓无限大的。

如果你自己也困惑不已，以至于没人找你做咨询，那么可能你自己也需要请一名顾问。你可以看看这本书，以便省下请顾问的钱，或者让你付给顾问的钱花在刀刃上。

但要是不感到困惑，你绝对不需要这本书。在当今世界，也许只有远离尘世的人才能不感到困惑吧！

那么阅读本书能给你带来什么呢？很多人看过本书的手稿，有些人称自己受到了积极的影响。一位顾问说，她应用了"橙汁测试"定律，结果签署了一份原本很可能丢掉的利润丰厚的合同。另一个人说，他应用了最小遗憾原则，谈下了更高的价码。还有一个人应用同样的原理却丢掉了一份大合同，但他并不太介意，这也是该原理叫作"最小后悔原理"的原因。一名经理对我说，他看完本书手稿之后立马解雇了一个每个月要价三千美元①的顾问。他倒没说那位顾问遗不遗憾。

并不是所有情况下都会产生直接的经济影响。有几位读者说，通过阅读本书，他们对咨询的本质了解得更深了，更喜欢自己的工作了。一位产品总监说他应用了"水牛和狗"的新知识，结果他有更多的建议被市场经理采纳了。另一位职员则说给不出什么具体的例子，不过她说老板称赞她"想法越来越好了"。

一名资深顾问给我讲了一个很长的故事（我觉得他是因为我的书里的一些故事太长而故意报复我），说他曾经长期为自己没有博士学位而焦虑；他后来拿出几年时间回到学校攻读博士学位，最后却发现他的客户对学位根本没兴趣。"阅读这本书就像去读博士一样。我并不是真的需要阅读，但要是没读过，我就会一直以为自己需要读。"在第 1 章你就会了解到，这是所有顾问都想达到的境界。

---

① 作者写这篇前言的时间是 1985 年 8 月，3000 美元是一种中等水平的工资待遇。

——编者注

目　录

第1章

咨询为什么这么难

"铺得越广，摊得越薄。"

——树莓酱定律

你有没有过自己开饭馆的梦想呢？为善于品尝的顾客烹制美味佳肴，每天晚上数着柜台上堆积如山的钞票？最近我找到了一本讲自己开饭馆的书。我迫不及待地想要看看所有这些辉煌、独立和财富都是怎么回事，可作者居然把整个第一章都浪费在试图说服我放弃这个梦想上。"把这本书放下吧，"他劝道，"找个踏踏实实的行当吧！"

想要劝住我可没那么容易，我这辈子净做梦了。于是我继续看其他的章节，结果发现里面全是各种各样的问题，提醒我餐饮行业的丑恶现实：怎么才能赶走那些欠账的、敲诈的，还有想要吃白食的朋友？怎么在卫生检查员来的前一天对付步步紧逼的蟑螂？冰箱要是坏了，那些恶心的馊掉的食物要怎么弄？在你忙不过来的时候有服务生要撂挑子怎么办？要是干脆没有顾客上门怎么办？顾客**真**来了又怎么办？喝高了大吵大闹呢？吐了一地呢？

最后他还是劝住我了。我有点难过，但更理智了。我放弃了开饭馆的梦想，还是回去老老实实干无聊的咨询吧。

那你有没有过当咨询顾问的梦想呢？公司出钱让你去风景迷人的地方旅行？给急切的客户提出高明的建议，然后客户二话不说立即执行？干一点点活儿就能挣上一大笔钱？

对于我们当中那些想要逃脱工作魔掌的人来说，咨询梦和饭馆梦没什么两样。所以，在我们陷进其他咨询奥秘之前，还是来看看第一条奥秘吧：

咨询可不像看起来那么容易。

在本章我们会看到这么说的一些原因。

舍比咨询定律

对于高管来说，想要挑剔一张列满了玄妙的高科技活动的预算单有点困难，还是拿那些容易理解的部分开刀比较好，比如邮费啦，保洁费啦，还有咨询费。

高管可能不懂微程序设计或者微观经济学，但他们很懂咨询呢。我还从来没有碰到过不会讲贬损咨询顾问的笑话的高管。不过，我也没有见过不会讲贬损高管的笑话的咨询顾问。

不管是什么高科技行业，顾问的费用都是一项很大的开支，但是经理和顾问之间的敌对状态往往把这笔钱浪费得差不多了。了解这种敌对关系的经理能够从咨询费中获得更高的价值。这也是我常常对管理层和顾问团队谈起他们之间关系的原因。

即便如此，我还是很少让经理和顾问同时听我讲课。我第一次这么干的时候简直引起了骚乱。听众先是参加了一个挺长时间的鸡尾酒会，然后吃了很大一块牛排，所以在开始演讲正题之前，我讲了个笑话来吸引他们的注意力。

入春第一天，齐克和卢克决定去猎熊。他们到达小木屋的时候，天色已晚，无法打猎，于是头一晚两个人就在消耗自己囤积的啤酒。天刚蒙蒙亮，卢克就醒了，于是起来到树林里解手。很不幸，他在回来的路上和一只寻觅早餐的大灰熊不期而遇。熊向卢克冲过来，卢克则冲向木屋。就在熊将要抓住卢克脖子的一刹那，卢克脚下绊倒了，摔了个狗啃屎。熊奔得太快停不下来，就直接越过了卢克，冲进了开着门的木屋里。卢克灵光一闪，跳起来砰的一声关上了屋门，插上门闩，冲着还在梦乡的同伴喊道："齐克！你先把这只剥了皮，我再去弄一只来。"

这个笑话反响不错，但一个酒上了头的经理喊道："这人就和顾问一样。他们总是搞出一个熊的问题，然后扔给我们经理去解决。"

听了这话，一个顾问生气地跳将起来："你把事情搞拧了。**卢克**是个经理。经理把容易的问题都自己解决了，真碰到搞不定的事情，就把它和顾问一起关在木屋里。"

这下听众完全不受我控制了，甚至连我走下讲台又拿了一份甜点也没人注意。我一边舀着融化的彩虹沙冰，一边想着怎么制止争论，让经理和顾问相互理解。

也许是"沙冰"提醒了我，我脑海中突然闪过一位叫罗杰·豪斯的朋友告诉我的三条定律——唤作"舍比咨询定律"。那时我还从来没有见过舍比（在本书第 2 版修订的时候我已经见过他了），但我挺喜欢这些定律，尤其喜欢那些听起来荒谬的定律，可以用来吸引失控听众的注意力。我对着麦克风咳嗽了几声，尽量装得深沉镇定，宣布道："我们咨询顾问有三条铁律。一般情况下我们是不会和客户讲的，不过今天我觉得还是向在座的各位经理介绍一下比较好。"

听我说要透露行业秘密，听众都安静下来，于是我接着说道："下面就来说说这三条定律，所有的顾问在每次接新活儿的时候都必须牢记它们。"我一字一句地念了出来，同时把它们写在黑板上。

咨询第一定律：

不管客户和你说什么，问题总会有。

咨询第二定律：

不管一开始看起来什么样，它永远是人的问题。

咨询第三定律：

永远别忘了客户是按小时付费，而不是按解决方案付费的。

不出我所料，听众彻底蒙了，呆若木鸡。所有人都在全神贯注地听我讲，所以我可以继续大谈客户和顾问之间的关系了。

问题总会有

一进客户办公室就碰上一句："我们这儿真的没啥问题，反正没有什么是我们搞不定的。"对一个年轻的顾问来说，没有什么比这更让人头大的了。

确实，遇到这种情况，不止一个初出茅庐的顾问曾经无礼地脱口而出："要是没问题，你们雇我来干吗？"虽然这看起来很合逻辑，但逻辑和文化完全是两码事。在管理的文化中，最糟糕的事情莫过于向任何人承认你有自己搞不定的问题。如果真的需要帮助，就得想办法悄悄解决，绝不能公开承认出现了任何问题。

百分之十的承诺

相信自己没病的病人是没法治的，但咨询第一定律说的就是他们从来不会承认自己有病。这下顾问就有大麻烦了。一种变通的办法就是赞同客户很能干，然后问问是不是有什么可以改进的地方。没几个人愿意承认自己有病，但大多数人愿意承认能够有所改进，除非这人

真的病入膏肓了。

注意，不要因为急切地想要得到工作而表现得太过火。如果你承诺的改进太多，客户根本就不会聘用你，因为这会迫使他们承认自己有问题。咨询第一定律的一个推论就是百分之十承诺定律：

永远不要承诺百分之十以上的改进。

大多数人可以把百分之十的改进归为心理上"没问题"一类。但如果顾问改进得更多，就有点让人难堪了。

百分之十的解决方案

另一个推论是百分之十解决方案定律：

如果不小心让改进超过了百分之十，要确保没人注意到它。

确保没人注意到的最好方法，当然就是把它们都归功于客户。不会掩饰自己巨大成功的顾问就像用餐巾擦鞋的客人一样，主人不会再请他们了。

永远是人的问题

经理避免谈到他们遇到问题的一个办法，就是把这个问题称为"技术问题"。技术问题按说不是经理的责任。再说，在高科技行业里也不可能一直雇用所有需要的专业技术人员。

在审查预算的时候，高管应当允许经理给管理咨询套上技术咨询的外衣来保存脸面。每个人都时不时地需要外部的帮助，干吗让人难堪呢？

即使"真的"是技术问题，也还是可以追溯到管理层的作为或者不作为上。但若果真如此，有经验的顾问也会克制冲动，避免指出技术人员是管理层雇的，管理层理应对技术人员的开发负责。与此同时，顾问会寻找本应避免问题发生或本应在问题出现时着手处理的人。

马文定律

咨询第二定律的一个推论是马文定律：

不管客户在做什么，都要建议他们做些别的。

归根结底，人的问题要么是缺乏想象力，要么是缺乏远见。遇到问题的人总是倾向于重复那些第一次就不成功的做法。要是第一次就能行，他们也用不着请咨询顾问了。由于所有埋头苦干的人都会偶尔看不清大局，所以高管应当特别注意那些**从来**不请外部顾问的经理。他们身陷问题当中，当局者迷，完全搞不清自己究竟有多大的麻烦。

永远别忘了客户是按小时付费的

咨询第三定律**可能**会被理解成咨询顾问应当尽可能向客户索要高昂的小时费用，但它说的不是这回事。很多优秀的顾问都试图按照解决方案来收费，但据我所知尚无一例成功。要想成功，你首先得让客户承认存在问题，而且这个问题足够大，值得付你很多钱来解决。

咨询第三定律实际上是在提醒顾问，要是客户**真想要**解决方案，他们**早就**按照解决方案付费了。在内心深处，人们希望能够对管理层说："看，我们意识到有一个问题，并且正在努力解决，而且已经请了一个顾问。"

可是等到顾问一走，这个说法就变成了："这个问题怎么能靠我们来解决呢？我们花了大价钱请了三个月的顾问都没搞定，这个问题显然根本没法解决啊。"

功劳法则

简而言之，经理们花钱买的可能不是解决方案，而是给**他们**的上司的借口罢了。咨询第三定律的一条推论是功劳法则：

你要是在意功劳记在谁头上，那就啥事也干不成了。

为了把功劳记给顾问，客户就得承认有了解决方案。要承认有解决方案，首先得承认曾经出了问题——这简直是要了命了。因此，只有那些看起来什么都没做成的顾问才会再次受到邀请。

这些顾问到底做没做成事是个无法回答的问题。不管怎么回答，都会导致顾问丢饭碗，所以会做事的顾问就会确保别人根本不会问出这样的问题。不幸的是，不会做事的顾问也会这么干。但是区别在于，会做事的顾问在场的时候，**客户**就能把问题解决。

独行侠幻想

光干活却不请功实在是很难受，特别是愿望得不到满足时，我们作为顾问的干劲就会受影响。有那么一个顾问对舍比定律及其推论不以为然："这对于 IT 咨询不适用，我们大多数客户确实是在花钱买解决方案，而且高管们在承认自己搞不懂计算机的时候都感觉可光荣了。"由于需要感觉到自己做成了点什么事，这位顾问可能没有看到一个潜在的咨询机会：和这些高管共事的时候，她可以创设一个情景，让对方感到自己负有责任，因为作为经理，他们建立了技术组织，却不能有效地解决自己的问题。

另一位则和上面这位正好相反："我总是为教师提供许多方法来处理孩子的问题，而且公开赞扬成功解决了孩子们问题的教师。我一直都试图把方法教给他们，这样他们再碰到同样的问题时就不用给我打电话了。但我也有自己的需求，于是我编造了一个'独行侠幻想'。在功成身退的时候，我看到自己策马消失在落日的余晖中，老师们摇着头说：'那个蒙面女侠到底是谁呢？'"

我也会用这样的幻想来让自己开心，很多在广播剧黄金年代长大的老一辈顾问也是这样。年轻的顾问如果不熟悉《独行侠》[①]，可以这样来理解独行侠幻想：

要是客户没有表现出对你的欣赏，就假装他们被你的表现惊呆了，但千万别忘了这只是你的幻想，不是他们的。

咨询第四定律

在组织咨询中，舍比咨询定律揭示了经理和顾问之间的根本性竞争。经理和顾问都是靠自己解决问题的能力吃饭的。要让一方承认需要另一方，就等于承认自己能力不够。只有最好的经理和顾问

---

① *The Lone Ranger*，一个美国西部牛仔的故事，1933 年由 George W. Trendle 编为广播剧，播出 20 余年，成为美国文化的符号，后被改编成电影、电视、动画片等。——译者注

才有胸怀承认不能单凭一己之力去打拼，甚至经理有时候也需要独行侠的幻想。

所有请顾问的人也都面临着同样的矛盾。确实，你可以把"顾问"定义成"帮助你解决那些你自以为能够解决的问题的人"。因此，人们总是把聘用顾问看作承认自己失败。顾问没能解决问题也会被客户理解成自己的成功——不过当初顾问就是客户请的，于是顾问的失败最终也还是客户的失败。

没有参与聘用决定的人就没这么多顾虑了。要是顾问没能解决问题，他们就会幸灾乐祸。这也就引出了我的最后一条定律，我把它加到舍比定律里：

要是他们没聘用你，不要帮他们解决问题。

咨询第四定律说的是，你绝对不能忘了咨询是一门**在他人请求时**去影响他们的艺术。顾问最常见的职业病就是不请自来地提供"帮助"。这对你的银行账户没什么帮助，而且也不会成功，事实上还经常起反作用。

树莓酱定律

之所以会注意到咨询第四定律，是因为我小时候就有两个明确的目标。我想帮助别人，还想因此而发财。结果我这一辈子都在这两个相互抵触的目标之间不断挣扎来寻找平衡。

我最早的一份工作就是刷盘子——一件把肮脏的世界变干净的好事。我一直都挺喜欢刷盘子这活儿。虽然薪水不算高，但每当我战胜了一些黏糊糊的树莓酱的时候，还是挺有成就感的。不幸的是，我试图改变世界的其他尝试就没这么好的感觉了，不管是作为咨询顾问、培训师、演说家还是作家。在这些工作中，树莓酱定律就成了我无法逃脱的诅咒。

刷盘子让我和我的工作对象之间产生了一种愉悦的亲密关系。我的双手不管做什么，都可以立即反映在干净的叉子、摔碎的碟子和闪亮的酒杯上。要是我儿子发现咖啡杯把手上粘着一块干结的花生酱，那我是难辞其咎的。要是我丈母娘在光可鉴人的锅底上顾影自怜，我可算是居功至伟。虽然曾尝败绩，但我努力进步，争取更多胜利——这就是工作满足感的本质嘛。

作为一个刷盘子**顾问**，我就没法体会这种直接的满足感了。要是我的客户面临着花生酱干结洗不掉的问题，我可以言传乃至身教，但就算我使出浑身解数，那花生酱也可能还是粘在那里，因为我得靠客户来执行我的想法。

失去了亲密接触盘子的机会，稍能补偿的一点就是顾问可以对这世界上的污泥渣滓产生更为深远的影响。在原本可用来洗一百个杯子的时间里，我可以教会两个人在我不在时怎么干活。虽然质量略有下降，可是数量增加了。

作为一个刷盘子**培训师**，我进一步用数量换质量，因为培训无非是更廉价的咨询罢了。我不是一心一意地服务一个客户，而是开了个培训班，同时面对十几二十号人。每个听众可能收获少了点儿，但成本降下来了，这样我想传达的信息就扩大了市场。当然，有些人可能会漏了几个重要的点，搞得盘子比洗之前更脏了。但让信息传播开来不是更值得吗？

作为一个刷盘子**演讲家**，我就可以把我的咨询建议传播给更多的人，一次可能有多达几百个热切的客户听讲。确实，有些人可能是在睁着眼睛睡觉，有几个人甚至以为我说的是怎么把花生酱涂上去而不是弄下来。但我不应该考虑广大人民群众的更高利益吗？

难道就此止步了吗？有了出版社和互联网这两大奇迹，我精妙的建议可以传达给**成千上万**个客户。要是我写的关于刷盘子的书成了畅销书，我甚至可以传递给几百万人，同时挣个几百万！

好啊，那钱呢？我们这边洗碗工一般一年能挣个 9000 美元。相比之下，顾问可能会挣到 30 000 美元，培训师 50 000 美元，演讲家 80 000 美元，作家（比我强的那种）能赚 150 000 美元。无论如何，你的受众越广，你挣的就越多。

这种比较很能说明问题。没人能靠刷盘子发财，不管他们有多么喜欢这种直接的回报。顾问可能过得不错，但没法提前退休，而演讲家和作家可以。所以把手从洗碗水里拿出来，放到键盘上去吧！你不光能发财，还能为国家的健康和清洁做出巨大的贡献！

要是没有那条该死的树莓酱定律，也许看起来还真是这样！堵在我和快乐的富人之间的这条铁律到底是什么呢？拿出一小瓶树莓酱和几片面包吧。用不了几次实验，你很快就会发现：

铺得越广，摊得越薄。

我们这些本要改变世界同时也想发财的人，算了吧。树莓酱定律是大自然的真理，就像热力学第一定律一样稳固。你要是能把酱抹得又多又厚，也就能轻易造出永动机了。这条定律的另一种表述是：

要名还是要利，自己挑吧。

每个立志帮助别人的人都必须在树莓酱定律面前低头。不管是冲扩音器高喊还是向麦克风低语，不管是培养一个徒弟还是创办一所学堂，不管是教一门课还是建立一所大学，没有一种方法能让信息本身增加一丝一毫。

温伯格双胞胎定律

作为对树莓酱定律的实验，我写了一本题为"程序开发心理学"（*The Psychology of Computer Programming*）的书。正如定律所言，这本书也确实让我发了一点小财，但不是很有影响力。过了十几年，它仍然卖得不错，这就意味着它所谈到的问题还没有解决。我知道我不应该贪心，不过即便如此，我还是后悔取了这么个书名。自从书出版之后，客户就不断指责我是个心理学家。虽然很多心理学家确实是顾问，很多顾问也确实是心理学家，但还是可以两者只居其一的。所以还是让我把话说明白吧，我现在不是心理学家，以前也不曾是。如果你心情低落，别给我写信来问怎么治疗。如果你忍不住要把超市的东西藏进裤子里，那你还是另请高明去医治吧。

我没有心理师证书，也没有取得过心理学学位。我从来没有入过"人类行为的秘密"的门，哪怕是稍稍入一点。事实上，我上大学那会儿都是刻意**避免**选心理学课的，甚至不愿意被心理学教授瞧见。

直到最近，我都觉得整个心理学领域有百分之五十是错，百分之五十是假。我进一步怀疑心理学家们自己也搞不清到底哪一半是哪一半。不过随着自己变得成熟，我开始能欣赏几个心理学家的工作了，他们中的大部分能写人看得懂的话。

被人误认作心理学家让我能够稍微体察心理学家的困境。如果你是个核物理学家，不会有眼露凶光的无聊人士把你顶在墙角，然后和你讲最新的诡异夸克理论。但每个无聊的人和每个酒吧招待都是人类行为的专家，根本用不着执照、学位、课程、培训或是书本这些劳什子。

这个消息对于认证的心理师可能有点不幸：**大多数**人类行为可以十分简单地进行预测，甚至简单到了荒诞的程度。从气象学家那里，我们知道有三分之二的时间，你都可以预测明天的天气和今天一样。这样每个人都可以成为天气专家了——只有百分之六十六的准确率。难怪心理学有这么多专家了，因为我们可以用一条简单的定律来预测百分之九十九的人类行为：温伯格双胞胎定律。

就算你上过一门心理学课，你的教授也绝对不会教给你温伯格双胞胎定律。这可怨不得他们，也不能找他们退学费，因为没人会泄露职业机密。要是你知道这些心理学课程只须讨论百分之一的主题，然后你可以在一分钟之内毫不费力地学会另外百分之九十九，你还会去上课吗？

和许多伟大的真理一样，这个定律也有最平凡的开端。在一个阴冷冬日的高峰时段，我的妻子丹妮和我坐在 M104 路公交车上，前往纽约百老汇。一个形容憔悴却难掩丽质的年轻母亲带着一溜儿八个孩子上了车。"车票多少钱？"她问司机。

"成人三十五美分，五岁以下儿童免票。"

"好。"她一边说着，一边把最小的两个孩子中的一个夹在胳膊下面来掏出钱包。她投入两枚硬币①，然后开始让她的小跟班们浩浩荡荡地穿过过道。

---

① 二十五美分和十美分，如果你在算这个的话。——译者注

"嘿，女士，等一下！"司机命令道——只有纽约的公交司机才会这样。"你不会是想让我相信这八个孩子都不到六岁吧？"

"当然了！"她愤愤地说道，"这俩四岁，那俩姑娘三岁，两个刚走路的都两岁，两个小家伙一岁。"

司机目瞪口呆，充满歉意地说："哎呀，女士，真抱歉。您**一直**都在生双胞胎吗？"

"老天，当然不是了，"她一边捋着棕色的头发一边说，"多数时间我们什么也不生。"

哇哈哈！丹妮看着我，我看着丹妮。其他乘客和我们一样都被这个误解逗乐了，但一件更重要的事情闪过了我们俩的脑海。

我们刚刚还在一个让人泄气的咨询项目上，不管做什么似乎都没有任何效果，我们也搞不清楚为什么做不成。但想到这对贫穷的夫妇就在做贫穷夫妇该做的事，大部分时间并不是在生孩子，更不要说生双胞胎了，我们忽然就悟到了苦苦追寻的东西：

大部分时间，在世界上大多数地方，不管人们有多努力，都不会发生什么大事。

你可以测试一下这个想法。环顾四周，然后闭上眼睛一分钟。睁开眼睛，大多数时候你看到的东西还是完全一样。换句话说，对于世界上大多数系统而言，对于其**下一时刻**行为的最佳预测，就是和**上一时刻**做一样的事情。

我们欣喜若狂！这是理所当然的，现在就有了一条定律，不管是对星星还是猩猩，陶瓷还是桃花，议会还是衣服，统统适用。最重要的是，它对人也适用！

当然，出于各种原因，我们也没把这个重大发现怎么样。要是做了什么大事，那就违反了温伯格定律本身。哦对了，我们什么也不做是有许多很好的**理由**的，不过这些理由也只是**说辞**而已。而这个定律跟说辞没关系，它讲的全都是发生的事情。**说辞**可以随便改，但不会带来什么大的成果。

那温伯格双胞胎定律为啥也没让我们出名呢？似乎大部分人声称已经知道这个定律了，但从来没人给我们找出任何著名期刊上的出处。这么说来，每个人都是心理学专家了。

也许问题在于，人们对于定律，特别是心理学定律的期待过高。人们想要定律告诉他们该怎么改变，更要紧的是怎么改变别人。不过让大家失望了，温伯格定律指出，大部分努力是徒劳的，即使只是想改变自己而已。[①]

鲁迪黄萝卜理论

我并不完全是个悲观主义者。我得承认还是有人能不时地解决点问题的，甚至有时候我自己都能解决问题。像昨天晚上吧，我听见水龙头在滴水，搞得我睡不着了。我爬起来去关水龙头，却发现垫圈磨穿了。我跌跌撞撞地走到地下室，找出工具，翻出来一个备用垫圈，晃晃悠悠地爬上楼，把垫圈换上了。水不滴了，我还挺自鸣得意。

[①] 丹妮和我最后还真的写了一整本书来讲为什么温伯格定律是有效的，书名叫作《系统设计的一般原理》（*General Principles of Systems Design*）。如果你想买一本的话，我们也会很高兴。不管从重量还是叙述上看，它都比本书更厚重一些。你甚至可能喜欢它，不过要是你指望它教你如何改变世界的话，就注定会失望了。树莓酱定律万岁！

成了顾问的人可能在最开始的时候真正解决了几个问题。这个美味的诱饵促使他们继续尝试,等又幸运地成功了几次之后,这辈子就算上钩了。我的第一份工作是送报纸,然后在一家仅有四个凳子的药店里负责制作冰激凌圣代,干了几千次之后,我就晋级到一家拥有六个凳子的店,然后是拥有十二个凳子的店。在所有这些工作中,我都会遇到一些可以轻易解决的小问题。

十三岁的时候,我的人生出现了转折。我在希尔曼超市当了一名替补摆货员。既然是替补,店里哪个部门的摆货员休假的时候我就得顶上。这种工作让我有很多机会来了解整个食品杂货店的业务。不出几个星期,我就熟悉了店里的大部分运营,开始寻找要解决的问题。

我开始发现一些规律。我发现顾客拿着罐装橄榄和果汁软糖,然后反悔不想买了,就会塞在香烟展示柜后面的货架里。我还注意到,就算我把生产日期最早的摆在最外面,牛奶柜里但凡有保质期的东西,肯定还是新的先被拿走。

不过我注意最多的还是黄萝卜。我不仅**注意**到它们,简直和它们混熟了。我体察出每个黄萝卜都有独特的个性,一周又一周过去了,我认出同样的黄萝卜还是在同样的农产品区对我微笑。黄萝卜成了永久性的装饰品,对着所有的顾客笑意嫣然。

一天早上,我和农产品部经理鲁迪一起站在农产品区,琢磨着怎么才能把新鲜蔬菜摆在有限的货架上。鲁迪已经被这个问题折腾很久了,但一点进展也没有。他问我有什么好主意,转眼间我就成了顾问!

我建议道:"我发现这些黄萝卜似乎不怎么受欢迎。说实话,它们似乎是整个店里最少有人问津的菜了。要是我们把这些黄萝卜清出去,换成别的,损失会很大吗?"

鲁迪对我侧目而视。我知道我麻烦大了，我那意思是说一个小小的临时摆货员都能够帮他解决问题！不过是他先求助的啊。出乎我的意料，他突然笑了，抓过一个空的香蕉箱，把黄萝卜扫进箱中，说："小子，这主意真棒！"

我带着顾问的自豪感笑了。这辈子第一次有成年人认真听我说话并接受了我的建议。鲁迪看看远去的黄萝卜留下的虚空，然后看看我，再看看需要上架的一大堆蔬菜，又看看我。过了好一会儿，他开口了："我说，小子，这主意真不错。**现在**，哪个菜最不好卖呢？"

黄萝卜之后是啥

后来我已经有了几千个咨询顾客，但仍然能听到鲁迪刺耳的声音在问我那个要命的问题。我的好主意有一个致命的缺陷：我可以解决最糟糕的那个问题，可这总会带出原先**第二**糟糕的问题。

我讲课的时候常常会遇到一些让人头疼不已的学生，显然他们是我面临的最糟糕的问题。如果我劝这些学生停了这门课，有阵子我就会想："现在可算万事大吉了。"

可这想法简直还没来得及形成，另一个学生就开始找麻烦。这个新的头疼事原先只是我面临的第二糟糕的问题，可现在最糟糕的那个没了，它就上升到了第一位。不过每过一段时间我都能及时想起鲁迪黄萝卜理论，就像昨天晚上我把水龙头修好了之后。

我爬上床的时候想："现在最吵的声音停了，我可以睡觉了。"确实是安静了几分钟，然后我就听见天线的一端在风中飘摇并敲打着窗户。受到修理垫圈成功的鼓舞，我本来很可能会拿出两层楼高的梯子，冒着冬夜的严寒去固定那根天线，但鲁迪的声音警告我说，这只会导致我发现别的问题。那根该死的天线敲了一整夜，我一夜没合眼，但庆幸的是我也没从梯子上摔下来。

鲁迪黄萝卜理论是逃不掉的：

一旦你解决了头号问题，二号问题就升级了。

作为顾问，我常常非常专注于客户的问题，有时甚至相信自己真的能够一劳永逸地解决他们的问题。但根据鲁迪的法则，**永远**都会有另一个问题出现。

咨询的困难定律

在本章开始时，我保证说我会试图劝你不要进入咨询业。首先我用舍比定律给你个下马威，警告你没人真想要你的帮助，就算有人看起来是在求助，也只是在要你。

然后我揭示了树莓酱定律，证明了想要同时成为有影响力的人和过上体面的生活是徒劳的。但也许你知道了温伯格双胞胎定律之后就不会为此烦恼了，因为定律讲得很清楚：你反正也不大可能产生什么影响。

但要是你万一有了点影响力，鲁迪黄萝卜理论又证明，你无非是带出了另一个问题来替代你设法搞定了的问题。要是又有那么一丁点儿机会你搞定了第二个，还会再冒出来一个，又来一个，然后又来一个，无穷匮也。

你打开这本书的时候，实际上就是让我成为你的顾问。你已经读到了所有这些秘密，这是我最出色的咨询成果。现在，你应该放下这本书，宣布放弃你愚蠢的幻想。不过根据树莓酱定律，你很可能啥也没学到。

不过，说句老实话，要是你想成为顾问，并且到现在还没有扔下这本书的话，也许这是个好兆头：你不会轻易放弃。那现在我就奖励你，告诉你咨询的真正秘密：困难定律、更困难定律和最困难定律。

困难定律

我们已经看到了改变有多难。这个困难意味着，你的大部分咨询工作根本就行不通。如果这个前景让你深感沮丧，就别碰咨询这行了。要是已经上了贼船，你最好学会怎么承受失败。

这就是我所谓困难定律：

要是不能接受失败，做顾问就永远不会成功。

这真是一条严酷的定律，不过要是反过来说，就还有那么一丝希望：

确实有人做顾问成功了，所以失败肯定还是可以应对的。

那到底是什么让成功的顾问坚持下去，哪怕是遭遇了失败？

更困难定律

为什么总有新问题呢？我觉得是因为人们**需要**去解决问题，而顾问是所有人里面最需要的。对顾问来说，解决问题就等于生活。我是如此地渴求问题，要是没有问题，我就得创造一个出来。我也确实是这么做的。

鲁迪的说法更好，这就是更困难定律：

一旦消灭了头号问题，你就让二号问题升级了。

在任何情况下都能找出问题，这样的能力是顾问最宝贵的财富，也是顾问的职业病。要成为顾问，你必须厌恶问题，但要是没法和问题共处，咨询就会把你搞死。

这意思是说你必须放弃解决问题吗？完全不是。它意味着你必须放弃有朝一日会把问题解决完的幻想。一旦消除了这个幻想，你就可以放松下来，然后让问题自生自灭吧。

能解决问题的人确实过得更好，但能有意识无视问题的人过得最好。如果没法做到这两点，还是别干咨询了。

最困难定律

显然，我脸皮已经足够厚，能够接受失败并无视问题了。要不然，我现在就已经不在做咨询，肯定也不会写关于如何帮助别人的书了。

那么现在我告诉你一个重大秘密，迄今为止最大的秘密。我这本书不是写给你的，而是写给**我自己**的。事实上，这也是我做所有咨询工作的原因，因为如果试图帮助别人，开始的时候对我自己的帮助总是比对客户的帮助更大。

我桌子上一直放着的一首小诗表达了这个思想：

　　　　若需一束光，请做一颗星，

　　　　让它传得广，让它传不停；

> 但你若想要，让太阳改变，
>
> 还需从头起，一步一脚印。

这听起来有点自私，还有点自相矛盾，但到头来并不是这样。要是我自己的问题和客户的问题纠缠在一起而无法解决，我也没法给客户最大的帮助了。所以我还是要把自己的麻烦理顺之后再去处理客户的。

很不幸的是，我自己的行为也证明了：

帮助自己比帮助别人更难。

这就是最困难定律，这本书基本上就是关于这个的。

第 2 章

培养矛盾的思维框架

“我们能做。这是所需的费用。”

——橙汁测试

到现在为止，你可能已经注意到，很多咨询法则都充满着悖论和矛盾，还常常很幽默。也许你会对这种形式感到惊讶；也许你觉得在所有人当中，顾问最应该逻辑清楚，专心致志，并且最重要的是要严肃认真。但实际上，再没有比这种想法更不靠谱的了。

首先，顾问带来的是改变。大多数人，或大多数群体，通常都是按逻辑行事的，所以一般用不着顾问。他们真正需要顾问的时候就是**逻辑不管用**的时候，也就是出现了某种悖论、两难或矛盾的情况。用简单的一句话来说，就是他们**卡住**了。

为什么需要矛盾呢

"卡住"让我想起了曾经的一个"技术"咨询项目，当时有一台计算机完全卡住了。公司的工资程序开始处理第一名员工的工资，然后也没有什么合乎逻辑的理由，就呆住不动了，什么也不干 —— 一秒钟重复 100 万次。程序员甩给我一长串富有逻辑的理由来解释为什么这种事不可能发生，但是很显然，它**确实**发生了。要是工资单在几个小时内算不出来，公司可就赔大发了。

根据舍比第二咨询定律，我判断这里面肯定有人的问题。最明显的人的问题就是程序员惊慌失措，导致思考的能力完全僵化了。他们试过的所有合乎逻辑的做法都不管用，那我就试试不合逻辑的。我凭空虚构了一名员工，Aaron Aardvark，这人什么也没干，一分钱也不拿。我把 Aaron 的考勤卡放在所有考勤卡最前面，然后重新跑这个程序。他的考勤卡被拒绝了——理应如此，但之后剩下的工资单完美地跑完了。

要是逻辑永远都管用，就没人需要顾问了。所以顾问永远要面对矛盾，这也就是为什么我建议顾问：

不要理性，要合理。

有些顾问没法接受这个建议。比如说他们想知道 Aaron Aardvark 背后的**逻辑**是什么。我在用虚构的记录做实验之前也没法解释这个"逻辑"，但我能解释为什么这么做是**合理**的。它之所以合理，是因为程序员已经完全被逻辑搞蒙了，没法有效地思考，因此我不管做什么都很可能是一种改进。Aaron Aardvark 是我脑海中出现的第一个想法，也是最简单的一个想法。要是这个不管用，我就会试试别的办法。

我没想进一步解释 Aaron Aardvark，这可能让计算机顾问觉得有点不安，但我想让他们自己体验对于矛盾的反应。和所有其他读者一样，他们也会在接下来的章节中发现很多矛盾，并不是所有矛盾都能够或应当有个解释的。

因为我没法合乎逻辑地解释所有事情，所以有些读者可能会对这种矛盾性产生抵触，并且更加强烈地要求什么事情都得有个逻辑。也许相比效率而言，他们更在乎自己正确。

在客户开始变得没有逻辑的时候，理性的顾问总会犯错，因为：

自以为无所不知的人最容易上当。

真的犯错的时候，这些顾问就会找出一堆冠冕堂皇的理由来为自己辩护。他们似乎相信缺乏幽默感是理性的。一般情况下，这只能糊弄他们自己。

在一个矛盾的世界里，每个人都迟早会犯错。了解自己为什么犯错确实有帮助，但最重要的东西大概只能在笑话、谜语和悖论里得到解释。要想生存下去，我们就得学会一笑而过，然后从头再来，这就引出了下一个悖论：

生活太重要，所以不能太较真。

优化强迫症与折中疗法

听到这儿，帽匠睁大了眼睛，但他只是问："为什么乌鸦像一张写字台？"

"好了，现在有意思的来了！"爱丽丝想，"我很高兴他们开始讲谜语了，我觉得我肯定能猜出来。"她大声补充道。

爱丽丝可能得了和很多顾问一样的病：忍不住想去解决问题。爱丽丝不了解鲁迪黄萝卜理论，所以就上了帽匠的套，接下来又进行了一系列愚蠢的对话。最后，爱丽丝想要停止了。

"你猜出谜语了吗？"帽匠又转向爱丽丝。

"没，我放弃了，"爱丽丝答道，"答案是什么？"

"我一点儿想法也没有。"帽匠说。

"我也没有。"三月兔说。

爱丽丝疲惫地叹了口气。"我觉得你们要是有时间，可以做点更有意义的事情，"她说，"而不是把它浪费在猜没有答案的谜语上。"

"要是你像我一样了解'时间'，"帽匠说，"就不会说浪费'它'。你应该说'他'。"

"我不知道你在说什么。"爱丽丝说。

然后她又上套了。

爱丽丝并不是唯一中了谜语圈套的人。按照马丁·加德纳的说法，在刘易斯·卡罗尔的时代，猜谜就是很多休闲游戏的主题。最后，卡罗尔写道，谜语在被编出来的时候就根本没有答案。但这并没有阻止人们去猜，了解鲁迪黄萝卜理论的人应该不会对此感到惊讶。

每个职业都有其特有的疾病。19 世纪的帽匠容易水银中毒，这会影响他们的大脑，因此也就有了"像帽匠一样疯傻"（mad as a hatter）的说法。无法拒绝去解决问题只是咨询顾问的职业病之一。他们也会像帽匠一样一阵阵地犯傻，不过这不是水银所致的，有时倒是由于空谈太多。很多顾问因商务午餐而损伤肝脏，因成堆的报告而双目失明，因无尽的会议而压弯脊柱，但最严重的职业病是所谓的**优化强迫症**。

优化强迫症可以出现在任何需要为问题提供答案的人身上。这是优化神经发炎所致，这部分神经系统是负责处理类似于下面这些请求的。

"给我们用最低的成本解决。"

"在最短的时间内搞定。"

"我们必须尽可能以最好的方法完成。"

放在健康人身上，优化神经收到这些请求之后，会给嘴发送一个脉冲，让它回答：

"那你愿意牺牲什么呢？"

可要是患了病，这部分神经通路被切断了，嘴里就会吐出一些扭曲的话语，比如：

"好的，老板。我马上去办，老板。"

折中图

优化强迫症带来的社会成本很高。任何在患病顾问构思出来的项目中无法脱身的人都想知道这病怎么治。答案是采用一种物理治疗，利用我所说的"折中图"（tradeoff charts）。

图 2-1 就是一个折中图，可以用来治疗面对下列问题的顾问："设计出世界上跑得最快的人。"这是一张跑步世界纪录的速度－距离关系图。

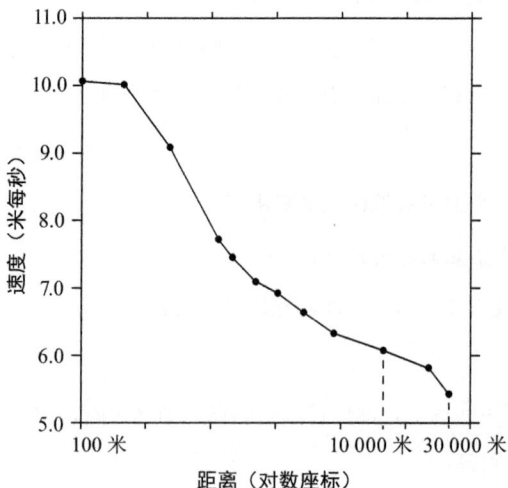

图 2-1　跑步世界纪录

所有的折中图都是以一项性能指标对抗另外一项的方式呈现的。它们揭示了，在实际应用中，为了优化某一性能指标，我们通常需要牺牲另一性能指标。

在本例中，速度和距离多折中。假设世界纪录是关于在给定时间内可以跑出的最远距离的，那么速度 – 距离曲线就为你设计解决方案提供了一个目标。这也让你了解了速度和距离这两项指标之间的关系，这种关系即使对"武装到马齿"的运动员也可能适用。

折中图表明，当其他的因素都一致时，如果想跑得更快，就得把距离控制得比较短。或者，如果你愿意跑得慢一些，就能跑得更远。但最重要的是，它表明了：

不付出就什么也得不到。

我们把这种思维称为"折中疗法"（The Tradeoff Treatment）。

如果有人让你跑得再快些，你可以答应下来，只是不需要跑很长的距离就好。或者，如果需要长距离选手，那你也可以跑得更远，只要愿意跑慢一些。但你不大可能找到一个既能跑得更快又能跑得更远的人，也没法让一个长跑运动员跑得很快。

优化强迫症是个很棘手的病，因为人们没能认识到折中图的约束本质。图 2-2 展示了某位运动员的速度 – 距离关系图，他在任何距离上都不是世界纪录保持者。

由于折中图上画的是世界纪录，所以我们知道运动员 X 的曲线**绝不会**超过它。运动员 X 的曲线代表了在这两个维度上，某一个特定设计相对于最佳可能设计的关系。从这张图上，我们可以发现运动员 X 起跑比较慢，算不上短跑健将，但其长距离的耐力不错。

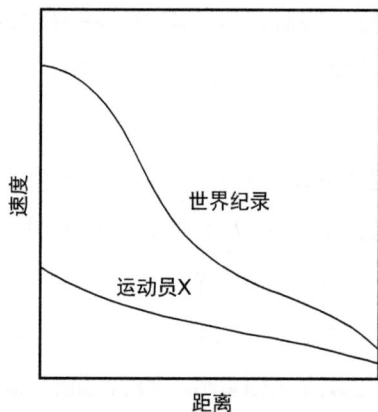

图 2-2　长跑选手和世界纪录的对比

在图 2-3 中，我们看到了另一条曲线，这一次运动员 Y 可以算是短跑高手，但跑不了很远。

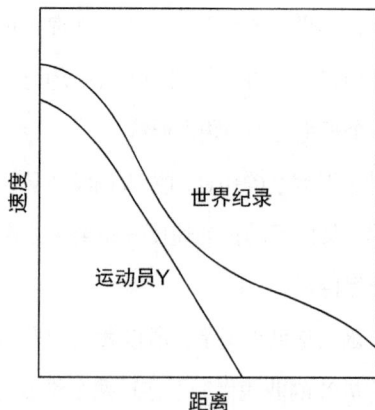

图 2-3　短跑选手和世界纪录的对比

图 2-4 则显示了我自己的曲线，不管距离长短，我都跑得很糟糕。

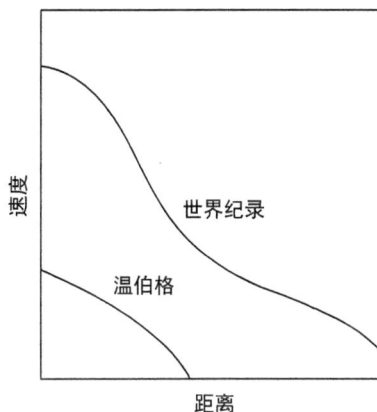

图 2-4　温伯格和世界纪录的对比

折中疗法

　　看过了上面的四幅图，我们开始了解折中疗法是如何治疗优化强迫症的。要是有人要求患病的顾问去"设计跑得最快的人"，经历了长期治疗之后，他的反应可能是：

　　　　"让我查查折中图。"

　　把图画好以后，顾问就会自然而然地想到下面几种回应。

　　1. 你想要什么距离？

　　2. 找出一个在 100 米内跑得快的系统相对容易，只要从来不需要跑好 30 000 米。

3. 我们很容易找到现成的系统，比如图 2-4 中的温伯格，这可以降低成本。但若想要世界纪录级别的表现，那么不管距离长短，选择都不会很多。

4. 如果需要跑长距离，那 100 米的成绩可能就不那么好。

一旦开始问这些问题，并且承认如果不付出代价，就什么也得不到，那么解决问题的工作就有机会步入正轨。

不幸的是，这一条反过来可不成立。你很可能付出了不少，却一无所获。你可能花了专业运动员的价钱雇了我，但就算花上百万美元，也没法让我的百米跑进 15 秒。健康的顾问会花时间找到一条正常的曲线，而不是一条根本没可能的曲线。

不管什么行业都有许多折中，顾问必须了解它们，并唤起客户的注意。世界上也有许多普遍的折中，形成了咨询中一些最大的秘密。我们现在会讨论一些，但在埋头看细节之前，你应该知道，不管是什么类型的折中，大致都可以画成图 2-1 的样子。指标可能不同，刻度可能不同，但思路是一样的：

提升一方面，就要牺牲另一方面。

除非你掌握了折中思考的艺术，并学会应对同时出现的折中，否则你永远成不了一名健康的顾问。

时间的折中

一旦你接受了折中疗法，这个世界就大变样了。你在任何地方都会看到折中。有一天我在花园里小憩，看着蜜蜂亲吻花朵。我突然想到，花朵们如果想让蜜蜂帮它们传粉，就得达到一种恰好的折中状态。要是一朵花里的蜜太少，蜜蜂就跑到别的花那里去了。可要是一朵花的蜜太多，蜜蜂只要采一次就心满意足了，也就不会把花粉传给其他花了，所以花蜜的量得适中。

我到图书馆找一本关于蜜蜂和花的书，可在图书管理员那里却遇到了难题，他不让我把书带出去。他似乎不太在意我能否得到所需的信息，而是更担心书籍受损或丢失。我开始对他很生气，后来意识到图书管理员也有自己的折中要做，那就是要平衡现在的使用（我）和将来的使用（其他人）。

我决定把我需要的页面复印下来，这就让我面临另一个折中：复印太多，花费就多，而复印太少，就不能得到我所需的全部内容。

现在还是以后

上述三种折中（传粉、图书流通、复印）都属于"现在还是以后"类型。决定要复印哪些页面的问题，可以看作用现在复印的时间换取将来使用信息的时间。和所有此种类型的折中一样，这是一个在当前的确定性和未来的不确定性之间求得平衡的问题。我要是明确地知道以后需要什么，也就没有折中的问题了。

上个礼拜，我有一个客户被我开会时讲的什么事情激怒了，可我不太知道她到底哪点不同意。于是我得做出一个决定：立刻处理她的愤怒，那么这就得占用开会的时间；或者以后再处理。我要是等到以后再处理，也许这个问题本身就消失了，但也可能变得更糟糕，那样我得花更多的时间去处理。我意识到了这种平衡，于是决定和她以及所有与会者谈谈我的想法，因为这也涉及其他人的时间。我对她说："我注意到你不赞同我说的某些想法，我不想视而不见，但是今天开会我们大家都有事情要处理。你能在中午吃饭的时候和我聊聊吗？还是你觉得要是不先解决，今天的会就开不下去了？"

事实上，我是把这个时间的折中变成了一个所有与会者都需要解决的问题，当然这也面临着现在要花更多时间的风险。我之所以这么做，是因为我知道人们会低估将来再处理不愉快的事情所需的时间，比如应对愤怒的人。人们的这种态度就是"也许事情会不了了之"，当然，有时候确实如此。但一般来说，现在花上一点时间来了解以后要花多少时间还是有好处的。通过明确地讲出这个时间折中，并表示现在愿意投入时间，我也就表明了问题在于缺乏时间，而不是缺乏对别人的尊重。

费舍基本定理

罗纳德·费舍爵士在许多年前就注意到，所有生物系统都要面对现在还是未来的问题，并且未来总归不如现在来得确定。要生存下去，一个物种必须现在就活得好，但还不至于好到未来没法改变的程度。他的自然选择基本定理指出，一个生物体越适应当前的环境，就越可能难以适应未来未知的环境。

这个定理可以用在个人、一小群人、大型组织、人和机器构成的组织乃至复杂的机械系统上。我们可以把它概括为：

你越适应现状，就越难适应变化。

我把它称为费舍基本定理。

在我的咨询生涯中，经常有人让我帮忙制定招聘政策。这就无可避免地要做出一个决定，是雇用对某一技能更有经验的年长人士，还是雇用更能灵活学习未来所需的新技能的年轻人。同样，我也倾向于投资于未来，即使这会牺牲当前的业绩。我发现人们经常高估获得一项新技能所需的时间，也许他们考虑的是**最优**的表现，而不是合理接近最优的表现。

在制定培训方案的时候，我也会遇到同样的折中。人们想要的是能够更好地完成当前工作的培训，而不是更能灵活适应未来工作的培训。也许经验告诉他们，那些号称面向未来的培训也无非是另一种专业技术培训，谈不上提高适应能力。你要是没法把培训和具体的事情联系起来，很可能会说这培训有助于一切。也许这就是一个风险：我们根本不知道未来会怎么样。

风险还是确定性

经济学家有一种办法可以用来进行当前的确定性与未来风险之间的折中。使用这种办法时，首先提出一个心理游戏，然后问参与者愿意花多少钱来玩这个游戏。举例如下。

> 我扔一个硬币。要是正面朝上，我就给你两块一毛钱；要是背面朝上，我就什么也不给。现在考虑一下，你愿意花多少钱来玩这个游戏？

正面朝上和背面朝上的概率很显然都是 50%，但很多人不愿意花一块钱来玩这个游戏。你可以说平均来看，要是玩很多次的话，他们每次都能赢一块零五分钱，但他们会说他们根本不会玩很多次，而是只会玩一次。他们更愿意要手里实实在在的一块钱，而不愿意要**可能**得到的两块一毛钱，更不愿意冒险什么都拿不到。

不同的人会愿意出不同的价钱来玩这个游戏。有些人愿意出一块零五分甚至更多，只是为了游戏本身的乐趣。这也就是赌马场能一直经营下去的原因。有些人愿意出的钱要少得多，有些人则不管什么价钱都不想玩。在我的讲座中，我曾经提出只需一便士就可以玩这个游戏，却发现有些人仍然拒绝。他们说："你总是捉弄我们，所以即使它看起来不错，我们也知道这其中一定有诈。我们不会再上当了。"当然，拒绝了一个几乎免费赢取两块一毛钱的机会，他们又犯傻了。不过也许我的确只是想捉弄他们一下。

第三次魔咒

我以前会为客户十分保守、不愿意实施我的伟大想法而烦恼，特别是似乎只要目前承担很小的风险，未来就能有巨大回报的时候。直到有一天一位客户指出，我作为顾问的风险和他面临的风险是截然不同的：要是我的想法一直被无视，我肯定会丢掉咨询合同；要是我的想法得到了执行，我可能会成为英雄，但就算一切都搞砸了，我也无非是丢掉那份我反正也保不住的合同。

可他的风险就不一样了：要是他什么也不做，也不会比目前的处境更糟；他要是照我说的做了，是有可能变好，可要是我的想法搞砸了，他可就万劫不复了。他有一份安稳的工作，非常适应当前的环境。我手上只有一份风雨飘摇的咨询合同，所以我做好了灵活应变的准备，要适应**他的**组织。

所以费舍基本定理给出了人们需要顾问的一个理由。如果顾问不太适应当前的环境，那他真实的适应能力可能更强。他们对于"现在还是以后"型折中的看法和当局者不一样，这让他们成了宝贵的想法源泉，同时也成了不可信任的人。

和一个客户一起工作很长时间之后，我们就有可能通过只提供低风险的建议来获得信任。这种策略是另一个"现在还是以后"型折中：用现在的小小结果换取未来得到更大成果的可能。但等到以后，顾问自己也更适应环境了，所以也就不太可能提供真正伟大的想法了。

这些咨询中的折中也许可以解释我在自己以及其他顾问身上观察到的现象：

顾问一般在解决你提出的第三个问题时最有成效。

我们把它叫作"第三次魔咒"。不幸的是，很多客户似乎不了解这一点，因为他们要么在解决一个问题之后就把你开了，要么永远留用你。这个第三次魔咒是我们应当透露给客户的咨询奥秘之一。

橙汁测试

长期来看，折中疗法是值得付出努力的。可在短期，它可能会让你丢了很好的咨询工作。我一度担心过度乐观的竞争对手会抢走我的生意，但勒罗伊帮我消除了这种担心。

勒罗伊是一家定制软件公司的总裁，他们公司聘用我来帮助解决一些问题。一连几天我都不停歇，所以也没什么机会和勒罗伊说话。最后，唯一的机会就是抓住他一起吃早饭，虽然这违反了一条铁律。要是还有什么比商务午餐更差劲的话，那就是商务早餐了。

我和勒罗伊的想法一样，所以我们在服务员送上第一杯咖啡之前就把商务部分谈完了。食物端上来的时候，我们就可以开始轻松地闲聊，还可以交换一些真正有意思的信息。

勒罗伊问了我咨询生意的事，我也问了他软件业务的事。勒罗伊说我们有很多共同的问题，特别是无法预测能不能以及什么时候能拿到合同。这让我打开了话匣子。

"我挺想知道你怎么会和我签合同的，"我问道，"要是违反保密规定，就不要告诉我了。"

"不会的啦，"勒罗伊安慰我说，像祝酒一样举起装着橙汁的杯子，"你拿到合同是因为只有你通过了橙汁测试。"

"橙汁测试？怎么会呢？也许我不该说，不过我根本不喝橙汁，一喝就胀气。"

"哦，橙汁测试和真的橙汁没什么关系。之所以叫这个名字，只是因为有一次挑会议酒店的时候用到了这个测试。不过不管挑选什么服务，你都可以用它来测试。"

"比如说咨询顾问？"

"或者是软件商。我就是从他们那里学到的。我的一个客户告诉我的，当时我问了她同样的问题。"

"那这是怎么做的呢？"

"想象一下你负责挑选一个年度销售大会的场地，得容纳七百人。"

"这事我有点儿经验。可不容易。"

"是啊，但用了橙汁测试的话，就能做得挺好，至少你可以排除一些差的。"

"洗耳恭听，你是怎么做的呢？"

勒罗伊端着咖啡杯笑了。"你见到酒店宴会经理的时候，就提这么一个问题：你们公司的创始人给销售会议设立了一个神圣的传统，要求每天的销售早餐一开始都要碰杯来预祝成功，要用橙汁。"

"七百人的销售早餐？"我一咧嘴，"这也太恶心了！"

"哦，你不一定非得吃这个早餐，这只是测试的一部分。然后你要求这个早餐仪式必须在七点整准时开始。"

"……我要吐了。"

"……然后这七百个人每个人都得有一大杯鲜榨橙汁。"

"一**大杯**？"

"嗯，大杯。不像这个杯子，这个只是在菜单上**叫**大杯。至少是喝水杯那么大吧。"

"然后还得是**鲜榨**的？"

"从榨出来到端上来不超过两个小时。"

"我知道问题在哪儿了。"

"嗯，这就是那个测试。提出问题以后，你就听宴会经理怎么说。"

"他们可能说这办不到。"

"有可能，"勒罗伊说，"这样的话他们的橙汁测试就不及格。"

"但我也知道有些经理会说'没问题'，反正先把生意拿到呗。"

"那也不及格。他们可能在撒谎，也可能真的觉得没问题。我不知道哪一种情况更差一点，但我不会想在这种地方开会。"

"那谁通过了呢？"

"跟你拿到这个工作的时候和我们说的话一样的人。"

我愈发迷惑了。"我不记得我们讨论橙汁来着，我说啥了？"

勒罗伊笑了。"你说：'这真是个问题。我可以帮你……**这是所需的费用**。'所以你就通过了橙汁测试。"

"但你真的仔细考虑过了吗？当然，我是可以让工人早上五点起来榨橙汁，只要付给他们每人一千美元。可你愿意出这么多钱吗？"

"我可能会，也可能不会，但不用宴会经理替我拿主意。这是我的工作，不是他们的。如果你的价码太高，我们也可能淘汰你，但那就是另一个测试了。他们要是根本完不成这个工作，或者糊弄你，用小杯盛罐装橙汁，那低价毫无意义。"

我们吃完早饭后就回去工作了。我不记得这个咨询项目最后怎么样了，但我永远忘不了橙汁测试，我把它重新归纳成：

我们能做。这是所需的费用。

我每天都在用这个测试。只要我需要服务，就告诉他们我想要什么，他们告诉我需要花多少钱，然后我来决定是不是值得。

橙汁测试为我节省了数百个小时的时间，免于和错误的人纠缠。我把它用在修理站中、办公室里、餐馆里乃至选择酒店时。我和客户一起用它来治疗我们在面对允诺毫无付出就能有所得的计划时共有的优化强迫症。我在招聘顾问的时候也会用到它。

第 3 章

在不知道自己在做什么时
保持高效

> 要是你不能改掉缺点，就把它变成特点。
>
> ——伯登法则

大部分顾问都是专家出身。由专家转做顾问比较容易，但这确实会给客户带来一个问题，就像下面的寓言表明的那样。

专家的问题

董事会议室中的大象

在西尔凡森林产品公司召开三月份董事会之后的某一天，一头大象从森林里出来，在董事会议室里安了家。没有人注意到它，直到九月份开会的时候，常务董事打不开门了，他说："里面好像有什么东西，把门给堵住了。"

审计员从门缝下面往里看，看到了大象腿的影子。"里面好像长了什么树。还是找造林学家来吧。"

造林学家用撬棍把精美的橡木门撬开了，但是大象往门上一靠，门又砰的一声关上了。"我觉得那不是树，"造林学家说，"而是一个巨大的灰色怪物，更像是一头鲸。"

董事会又把鲸学家找来了。鲸学家建议把会议室灌满水，让鲸游出来。但房间灌上水的时候，大象用鼻子把水从破了的门吹了出去。看到鼻子之后，鲸学家说："怪不得它没有游出来，它根本就不是鲸，而是一条大蛇。"

接着董事会又叫来了蛇学家。他说："找点破油布，点着了扔进去吧，什么蛇都能被熏出来。"但只要有点着的破布被扔进去，大象就把火苗踩灭了。门外到处都是碎木头、泥水，还有烟熏过的油腻腻的家具，于是董事会决定把清洁工叫来清理一下。

清洁工问了问这里是怎么搞得乱糟糟的。常务董事讲了这个故事以后，清洁工从兜里掏出了几颗花生。他拿着一颗花生把手伸进门里，大象（这时候已经饿极了）用鼻子把花生取走了。"来吧，小乖乖。"清洁工哄道，手里举着剩下的花生。不一会儿，大象就笨重地走出了房间。享用了一会儿花生之后，它就害羞地返回了大森林。

"可你是怎么知道它是大象的呢？"惊呆了的审计员问道。

"哦，我其实不知道。我只是怀疑它是大象，因为它有点像树，有点像鲸，还有点像蛇。这只是一个理论猜测，不过我想我损失几颗花生总比继续破坏你的会议室要好吧。"

超出你的知识深度

要是董事会议室里有一头大象，你会叫什么专家来呢？最困难的问题可不是包得整整齐齐、贴好标签送过来的。它们也可能贴着错误的标签，这也就是它们这么难的原因。

十有八九，顾问会发现自己要面对的问题并不是自己的"专长"。但在非专业人士眼里，顾问就是个专家。优秀的顾问无论如何都可以解决许多这样的问题，因为除了是专家之外，他们更是能解决问题的人。如果瞧瞧他们的锦囊，你会发现最好的妙计都和他们的专长八竿子打不着，但他们可以把这些妙计用在任何领域。

我们现在就来看几条妙计吧，它们不仅在工作超出你的专业范围时用得上，在超出你的知识深度时也用得上。

马文的医学秘密

每个行当都有自己的秘密。虽然我们对自己的秘密一定是守口如瓶的，但别的行业的任何秘密都能吸引我们一窥究竟。在所有的秘密中，医学秘密毫无疑问是最有看头的。与大多数人相比，我有一点优势，即我有个当大夫的连襟，他叫马文，而且这家伙十分愤世嫉俗。他愿意把医学上一些最大的秘密告诉我这个局外人。

马文告诉我，医学上的头号秘密就是：

百分之九十的病会自愈，根本用不着医生插手。

由于这个大秘密的存在，医生要做的就只是遵照医学之父希波克拉底的教诲，避免伤害病人，至少大多数医生都是如此。一个成功的医生还得让病人相信他确实做了些什么来治病，而且做的事情只能源于浩如烟海的、深奥的医学知识。要不然的话，很快就该有医生去排队吃救济了。

百分之九十的病能自愈的原因就在于"身体的智慧"。虽然"智慧"这玩意儿听起来挺神秘的，但也不过是把在几千万人身上进行的破坏性试验的结果讲得富有诗意一点。这些试验大多数没有利用现代医学的帮助，所以没有自愈能力的身体设计都很快就自行消亡了。归根结底，我们每个人都是无数幸存者的嫡系后裔。

头号秘密

那这个医学秘密能不能用到其他咨询工作上呢？这完全取决于你试图"治疗"的系统是什么样的。如果这个系统有自我治疗的悠久历史，顾问就应该倾向于用"无创"的治疗方法。比如，人们结成小组一起工作已经有几千年了，所以应该有一些天生的技能来解决小组的问题。可能偶尔会碰到一些问题，促使人们去找顾问，但是这些问题很可能只需要最轻微的干预就可以"治愈"，比如只需要耐心等待一下。

相反，我们可不指望计算机有任何"智慧"。如果找了个顾问来治疗它，那这个疗法可能会相当猛烈而直接，比如把内存取下来。正如舍比所说："所有问题都是人的问题。"所以顾问应当考虑那些平常负责维护计算机的人。如果把计算机和这些人一起看作"身体"的话，那它就可能拥有一定的智慧，你就要相应调整你的"处方"了。

简而言之，我们可以把马文的头号秘密改写成：

要温柔地对待能够自愈的系统。

显然，马文的定律是普适的，并不仅限于医学。比如说，他的头号秘密就是工程师们所熟知的工程第一法则：

没坏的话，就不要修。

没生病的系统都应该能够自我修复。

第二大秘密

照马文的说法，医学中的第二大秘密和青霉素有关。对于那百分之十不能自愈的疾病来说，青霉素或者其他的抗生素又可以轻松解决其中的百分之九十。然而和人们普遍的认识不同的是，光有抗生素是不够的。它们必须被使用得当，这也正是医生能够大赚一笔之处。

比如，每次感冒都不分青红皂白地乱吃青霉素药丸，这就违背了马文的头号秘密。普通感冒属于身体能够聪明地自我修复的那百分之九十的疾病，所以青霉素并没有什么用处可言。它可能有些心理安慰作用，但随便什么药片都有这个作用。此外，青霉素肯定不是没有效果的。它虽然不会影响感冒，但会影响其他方面。青霉素会让某些人出现过敏反应，甚至因此丧命。退一万步说，每次用药都会降低身体对青霉素的敏感度，所以某天真的需要用药的时候，效果可能就不明显甚至完全没有了。这就得出了马文的第二大秘密：

反复治疗一个可以自愈的系统，最终会让它不能自愈。

那些孩子四岁多了还帮忙擦鼻子的父母，以及靠为同一个客户反复解决同一个问题混饭吃的顾问，都应该牢记这个秘密。

第三大秘密

任何像青霉素一样强劲的药肯定都会导致问题。有些人特别担心吃了不必要的药，于是吃抗生素的时候停药过早。要是最明显和最让人不适的症状没有马上消失，他们就停止服药而没有完成整个疗程。如果是细菌感染，即使细菌已经得到了控制，这些症状也可能会持续一段时间。但如果过早地停止治疗，疾病就会卷土重来，而这次抗生素可能就无效了。

马文的第三大秘密说的是：

每个处方都包含两部分：药品和正确使用它的方法。

马文说他是在法国旅行途中学到这个秘密的，当时他吃下了整整一盒肛门栓剂。我则是从十几个客户身上学到的，我当时忘了和他们签合同来跟进我的建议。

第四大秘密

马文可不只是个大夫，他还是个心理学家。在所有关于医学的闲扯中，没什么比那些关于疯子的故事更吸引我的了。不过下面这个故事讲的不是疯子，而是心理学家——大家都认为绝不可能发疯的一类人。

马文每个月都要去一趟州立精神病院，和那里的医师讨论最难应付的病例。马文说这种咨询是最轻松的工作，因为他根本不需要真的了解任何药品或心理学。不管他们说出什么疑难杂症，马文只须问他们用过了什么疗法。如果他们说用了疗法 A，马文就告诉他们换用疗法 B。要是他们说用了疗法 B，马文就告诉他们换用疗法 A。马文肯定还会再配上一大套天花乱坠的说法（医生最容易认可自己开的药方了），不过这个原理真是简单又强大，足以归结成马文的第四大秘密：

如果已经做过的事情没能解决问题，就告诉他们做点别的。

事实上，著名的歌舞喜剧人物"克朗凯特医生"[1]很早就知道这个秘密，他有一个段子是下面这样的。一个病人进来说："克朗凯特医生，我一这样扭头就疼。"

克朗凯特看着这个可怜的病人，用充满医学智慧的声音说："不要那样扭头！"

---

[1]《克朗凯特医生和他唯一活着的病人》（*Doctor Kronkheit and His Only Living Patient*）是美国著名喜剧二人组 Smith & Dale 在 20 世纪 20 年代创作的经典喜剧。"克朗凯特"是德语"疾病"（Krankheit）一词的谐音。——译者注

第五大秘密

克朗凯特医生疗法（第四大秘密的另一个名字）是任何咨询顾问都可以使用的一种技巧。因为马文是个顾问，所以他只能看到医院的医生自己搞不定的问题。因此，马文可以确定一件事，就是无论他们在做什么，肯定都不对。他们陷在一种方法中出不来了。他还知道，只有他们付给他一大笔钱，这个系统才能正常工作，这就是第五大秘密：

务必让他们付给你足够多的钱，这样他们才会照你说的去做。

另一种表述是：

咨询中最重要的活动就是开出正确的价码。

这个秘密非常重要，我会用整个第 12 章来讨论它。

第六大秘密

毫无疑问，每个顾问都可以应用第五大秘密。我们通过交流秘密可以相互学到很多，但是如果把这些秘密摆在一起来看，就能学到更多。比如，有两个秘密实际上说的是：

不要过早放弃治疗，也不要太久地坚持一种疗法。

所以也许咨询费用高还有另外一个充分的理由。这些秘密的诀窍并不在于秘密本身，而在于知道什么时候用哪一个，这就是第六大秘密：

来得早不如来得巧。

喜剧演员可以用一个最土的笑话逗得你捧腹大笑。讲笑话和做咨询一样，时机决定一切。好的笑话就是在合适的时间做出疯狂的行为。马文说，"疯狂"的行为无非就是"正常"的行为超出了有用的范围。对于咨询顾问来说，"聪明"的行为就是"疯狂"的行为恰好奏效了。

标榜失败

从前有一天，一个人来到裁缝列维的店里，因为他听说在这里定制西装很便宜。西装做好了，他一试却发现根本不合身。"你看，"他说，"上衣的后身太长了。"

"没问题。"列维说道，同时告诉他怎么把背弓起来，撑起松松垮垮的上衣。

"那右胳膊怎么办？它长了三英寸啊。"

"没问题。"列维又说道，同时示范着怎么把身子歪向一边并伸长右胳膊来让袖子合适。

"那这裤子呢？左腿太短了。"

"没问题。"列维再次说道，然后教他怎么把胯提起来，这样虽然他走路跛得厉害，但西装看起来总算合身了。

这位顾客被列维忽悠得不再抱怨了，就这样一瘸一拐地上了街。还没走出两条街，一个陌生人叫住了他："打扰了，你穿的是件新西装吗？"

终于有人注意到他的新西装了，他喜出望外，也没有觉得对方冒失。"是啊，"他说，"你为什么这么问呢？"

"哦，我也想给自己做身新西装。谁给你做的？"

"列维，沿着这条街一直往前走就到他的裁缝铺了。"

"多谢了！"陌生人急匆匆地走掉了，"看来我得去找列维做西装了。连你这样的瘸子他都能做出这么合身的西装，他可真是个天才啊！"

伯登法则

每次我给一堆程序员讲故事的时候，都有人一定要听列维的故事。我感觉就像刘易斯·卡罗尔在给爱丽丝讲《爱丽丝梦游仙境》，对方听到自己是故事的主人公时就特别兴奋。

在爱丽丝的仙境中，每当遇到颠三倒四的事情，爱丽丝总是自责，就像所有受过良好教育的小淑女一样。但是在计算机的奇境中，由于有太多的事情一团糟，程序员需要一种不那么让人泄气的办法。难怪他们那么热爱列维的故事。

列维连一条缝都缝不直，但是他并不想去改进，也没想学着做得更好，而是采用了伯登法则：

要是你不能改掉缺点，就把它变成特点。

忽悠瘸几个人之后，列维并没有垂头丧气。相反，他挂出了一个标牌："天才裁缝列维——专注跛行者。"

虽然程序员以能够把缺点变成特点而自豪，但伯登法则却不为他们所专美。下面是几个不同行业的例子。

· 屠宰的动物总有些部分没人吃，肉类包装商就把它们放在香肠和热狗里面。有家公司并没有隐瞒这一事实，而是做广告称："我们的热狗均以特选的肉制成。"

· 汽车旅馆的设计师从来都不大知道怎么设计浴室。有窗户的浴室需要占用外墙的宝贵空间，所以他们就尝试安装排气扇。但排气扇的设计师似乎也不能设计出一个物美价廉的风扇来有效地排出窄小房间中的淋浴湿气。所以，汽车旅馆的特色就是："所有的浴室均带有豪华取暖灯。"

· 19 世纪初，钻井是为了寻找水或盐。不幸的是，一旦打到石油，钻井就报废了。最后，G. H. 比塞尔决定研究一下这黏糊糊玩意儿能派上什么用场。通过蒸馏，他得到了一些有用的产品，诸如可燃气体、石蜡、润滑油和灯油等，于是他把这些失败的产品称为"油井"，然后大发了一笔横财。

即便如此，石油行业也不是一帆风顺的。除了这些有用的产品之外，蒸馏过程中还会产生一种无用又危险的产品，叫作"汽油"。又过了几年，才有人又一次应用了伯登法则，发现了汽油的价值。

· 制药企业对伯登法则再熟悉不过了。它们开发出来的新药经常有一些让人没法接受的副作用。但人们并没有就此抛弃整个研究，而是让副作用反客为主，于是这些药就成了"灵丹妙药"。比如，有一种治疗高血压的药品，其副作用是会造成毛发丛生，于是它就变成了"治疗秃顶的特效新药"。还有一个案例，一名病人被诊断患上了"无药可救的癌症"，存活期不超过一年。经过适度的治疗，十九年后，该健康存活的患者被当作"现代医学奇迹"展示给公众，而不是"被误诊"的案例。

- 还有香蕉。人们不愿意买有难看黑点的水果，于是一场浩大的宣传活动让奇奎塔香蕉登上了每个电台。奇奎塔唱了一首关于香蕉的歌："当身披棕色斑点，通体变金黄时，香蕉味道最好，也最有益健康。"
- 公众饶有兴致地听信了奇奎塔的香蕉宣传，但更让人惊艳的则是经营不善的餐厅面对心怀不满的顾客提出的口号："美味佳肴需要时间。"谁说不是呢？不过，把酱油烧焦也需要时间呢。

这样的例子简直无穷无尽：上演糟糕剧目的剧场会宣传"还有大量上佳座位"；产品效力不如竞争对手的药厂会说"每粒胶囊中的药量更多"；看不懂立法的政治家成为"普通人的代言人，捍卫我们的自由不被哈佛大学教授剥夺"；无能的生产商自豪地强调超长的交货时间可以"给顾客更多时间以适应新机器"；库存积压的公司则强调"立即交付"。

咨询中的伯登法则

毫无疑问，伯登法则是利己的，但这并不意味着它会损害别人。对这个利己方面心怀抵触的顾问可能会错过利用伯登法则帮助客户的许多机会。我来举几个自己工作中的例子吧。

有一个顾客让我帮助他改善工厂的周转时间，说把软件测试结果返回给程序员的过程不够快。周转时间太长的话，有时候会让失去耐心的程序员在修正所有错误之前就发布程序，这会造成很大损失。我研究了这个系统，想找出捷径，却碰了一鼻子灰。除非客户愿意掏出一百多万美元来买新设备，否则我对周转时间的改进最多也就是微不足道的几分钟。

我没有宣告自己的失败，而是让他们相信真正的问题不在于周转时间，而在于错误。我把周转时间改作"思考时间"，并且教程序员利用这段特殊时期来减少错误。要查的错误越少，需要的测试就越少，于是周转时间的影响就不那么大了。结果，我还没有完成培训，有几个程序员就开始抱怨测试结果回来得太快了。

把周转时间称作"思考时间"肯定是有利于我自己的。它掩盖了我不够聪明因而无法解决他们技术问题的事实，却带给了他们超出所付费用的回报。咨询的目的不是让我看起来高人一等，但也不能让我看起来愚蠢不堪。咨询不是要难倒顾问，而是要为顾客提供服务。

标榜自己的失败

不过有时候，记得自己不是在接受考验可不太容易，特别是面对某些客户的时候。要是有人不断拿同样的问题或者话语刺激我，我有时候也会发脾气。有一次我和一个客户组开会，不管是我还是在场其他人提出任何建议，一名叫阿尔尼的工程师都会说："我已经试过了，没用。"最后我忍不住了。"阿尔尼，你似乎已经什么都试过了哈？为什么你不试试在别人提建议的时候闭嘴呢？"

房间里一片死寂，我意识到自己犯了一个可怕的错误。这脆弱的一瞬间就让我毁掉了辛辛苦苦建立起来的冷静的会议调停人的形象。但我没有随随便便地放弃一个好客户，而是让自己平静下来，说道：

"好吧，大家都看到了，我也不是完人。我刚才失态了，很抱歉。我所有的想法没被仔细听过就被否定了，我真的感觉很受挫，我想别人也有这种感觉。"

我看到有几个人点头，于是继续说道："阿尔尼，你总是说什么主意都试过了，都行不通。我毫不怀疑你的正确性，但似乎我们大家的想法也不一定非要完美，就像我也不是完人一样。我试着控制自己的情绪，但还是有控制不住的时候。难道这就意味着我不要再继续尝试了吗？"

阿尔尼一脸迷惑："当然不是。我不是不让你尝试那些想法，我只是想给你一些信息，我知道它们在某些条件下行不通。我是想鼓励大家继续完善自己的想法。"

于是我们教阿尔尼换个说法："这个主意不错，我们只要注意这几个条件就应该没问题了。"

会后，另一名顾问把我拉到一边，对我出色的处理大加赞赏。"要是我不了解你的话，"她说，"我肯定以为你真的对阿尔尼发火了。你是个很棒的顾问！"

这时也许坦诚地说自己真的犯过错误会更好，不过我说什么都不会改变她的看法了。应用伯登法则有一个风险：大家可能开始觉得你是完美的（这还不太糟糕，只要你自己不这样想就好了）。

假装成功

要是你和我一样一天到晚坐飞机，有时候就会想要一点私密的空间。为了防止旁边的乘客搭讪，我的朋友丹尼尔告诉他的邻座自己是个杀猪的。不过我觉得我的说法更好："我是卖二手车的。"人们可能还会愿意和杀猪的说话，但卖二手车的？没啥希望了。

把自己伪装成一个出差的二手车推销员，让我对这个备受鄙视的行业有了更多的思考：我不觉得汽车推销员就理所应当地处在人类的最底层，我觉得应该把它纠正过来。

我得承认，伯登法则被二手车推销员滥用了。比方说，要是这车旧到极点，那就是"古典式"。要是它特别耗油，它就是"私人奢侈款"。它从来都不是"旧货"，而是"曾被拥有"或是"经历丰富"。即便如此，你还是不大容易抓到二手车推销员在彻头彻尾地撒谎，除非只有这样他才能把车卖出去。所以，在把推销员踢到底层之前，我们应该看看一些相对缺乏想象力的行当，比如政客惯用的伎俩。

打官腔

假设有个很穷的小国决定进攻比自己大 50 倍的大国。大国很自然地派出了海军。不过这个小国不按现代战争的牌理出牌，于是战事一拖再拖。

大国的总统不愿意承认自己的错误或者去挽救局面，于是告诉自己的人民，战争是重建民族意志和消耗过时武器的最好方法，而且还可以顺便演练新武器。

武器存货没多久就用光了，取而代之的是一堆堆的尸体。人民不再相信总统的说辞，总统再也想不出什么借口了，于是他撒了一个谎。在全国性电视节目上，他宣布："我们赢得了战争。"所有的军舰、坦克、步兵都集结起来举行盛大的阅兵，庆祝胜利。于是无穷无尽的战争泥潭变成了正义力量战胜邪恶势力的伟大胜利。

在小说《1984》中，乔治·奥威尔把这种技巧称为"打官腔"，并描述了这样一个社会：政客们只会打官腔，根本不理会其他一切手段。不过真正的政客倒没有这么不诚实，我觉得他们是真心想要应用伯登法则的，可惜他们似乎缺乏汽车推销员那种想象力。他们打官腔只是因为实在想不出别的办法了。

镀金法则

话说回来，干吗单单和推销员以及政客过不去呢？那些搞房地产开发的人也非常热衷于镀金法则：

要是没法当成特点来宣扬，那就冒充一下。

有时候也被称为"缺什么补什么"。比如说有些房地产缺乏某种吸引人的特色，比如缺树或缺水。开发商不会花钱去造个湖或者挖条河，或者花四十年等新建的房子周围的树苗长大，于是干脆起个名字来弥补这个缺陷。

在内布拉斯加大草原上，树比水少，水比小山包少。站在这个一望无际的平原上，无论往哪个方向望去，都能望出好几里地，要想说说缺什么，那简直是说不完。不管开车走到哪儿，都可以看到指示牌，提示前方通往松树溪、栗树岭、白杨池、枫树坪、柳丘、杨树牧、榉柳岸、榆溪冈、橡山瀑等地方。

还用说下去吗？"缺什么补什么"法则实在是用得太普遍了，你可以打赌橡山瀑既没有橡树也没有山，更没有小瀑布，除非你把流过地窖的地沟也算上。不过开发商其实也不比技术人员坏。早先煤气灯的支持者声称煤气灯和日光一样对健康有益。用上了这条镀金法则，那些强迫童工在煤气灯照明的工厂中一天工作十二个小时的人简直就是伟大的人道主义者了。要是不在工厂干活，碰上阴天，这些孩子就享受不到"日光"了呢。

早期，X 光的效用曾被大肆鼓吹，特别是在治疗癌症方面。那些鼓吹者实际上对治疗癌症一无所知，但他们知道怎么造 X 光机。

那稍微镀一下金又有什么要紧呢？我得说，就像 X 光既可以引发癌症也可以用于治疗癌症一样，大多数新技术都有其两面性。照支持者的说法，计算机会终结无聊的重复性文案劳动，那它怎么又变成无聊、重复、琐碎工作的代名词了呢？肯定不是因为它让工作变得更有意思、更刺激、更有意义。

那又是为什么呢？因为粉饰一下总比解决问题容易多了。由于人们给计算机披上了如此漂亮的外衣，也就没人愿意费心去研究到底是什么让计算机系统变得无聊或是有趣、重复或是刺激、琐碎或是重要了。这也是我们这些巧舌如簧的顾问使用镀金法则的危险所在。一旦糊弄过去了，我们就不再去学习如何真正解决问题了。

逆镀金法则

那么顾问到底能不能使用镀金法则呢？在别人糊弄你之前，你是不是应该糊弄别人呢？每次忍不住想要这样做的时候，我就会想起亚伯拉罕·林肯。林肯以诚实著称，这体现在他钟爱的一个问题上："如果把尾巴称为腿，那狗有几条腿？"在他的客人纷纷猜一条或五条之后，林肯宣布："错，答案是四条，因为称其为腿并不会把它变成腿。"

　　我真不好意思坦白年轻的时候我也给好几个故事镀过金。我现在花这么多时间来去除镀金的原因，就是想消除内心的不安。比方说，计算机程序员习惯于把他们的错误称为 bug（臭虫）。（我知道这个，是因为我在自己早先的技术书中也长期使用这种辞令。）如果我们把错误称为臭虫，那就好像它们是自己爬到我们的程序中一样，这也意味着它像其他自然现象一样用不着我们负责。

　　如今，如果有客户请我帮忙改善程序质量，我总是要强调让所有说 bug 的人改换说法。用不了多久，大家就都说"错误"或"差错"了，这仗就算打赢了一半。我甚至到了可以通过客户描述问题所使用的镀金词汇来发现问题的程度。使用委婉表达的客户都是在掩盖某些事情，甚至是对他们自己。比如说，大多数情况下，所谓"成本－效益分析"实际上就是成本分析，没人去管什么效益。换成白话来说就是："我们要列出和这个计划哪怕只有一丁点儿关系的每一项费用，把它们压到底。"

　　还有个例子：在处理一个员工流动问题时，我听人事经理说到"灵活性"。这个冠冕堂皇的词对于他来说就意味着"要是我不喜欢谁或者需要减少人力开支，就可以随便开人"。我曾经一听到这种词就来气，现在它倒可以为我提供用以解决问题的信息。我要做的就是应用逆镀金法则：

所有镀金的东西都得改正。

　　在上面这个例子里，人事经理那种高高在上的态度正好和雇员的态度匹配起来了。雇员说："要是上头可以那么随便地开掉别人，没准下一个就轮到我了。要是我半道找到别的好工作，我就先把他们炒了。"打破这个循环并非易事，不过第一步总是一样的：不要再用"灵活性"这种漂亮词，该叫什么就叫什么。

镀金的顾问

很多人会下意识地把逆镀金法则用到他们的顾问身上。如果他们发现你撒谎，就会认为你肯定有什么事瞒着他们。即使你只是听起来像是在撒谎，你也会有麻烦。因此，顾问应该夹着尾巴做人，谈及资历的时候也要保持谦逊，不过，不安全感还是让我们时不时地会夸张一点儿。

几年前，一位非常睿智的顾问听到我吹嘘自己写了好多本书，于是悄悄地把我拉到一边，提醒我说，要是我不这么卖力地把自己标榜成著名作家，就能把顾问的活儿干得更好。

"不过，我是挺出名的啊，"我仍然沾沾自喜地抗议，"至少在某些圈子里吧。他们觉得我在撒谎？"

"他们是不是这么认为都没关系。要是他们觉得你在撒谎，就会对你持怀疑态度，不会采纳你的建议。要是他们觉得你在说实话，就会不相信自己，这样他们也不会照你说的做。你明白了吗？"

我不得不同意，于是她继续说道："如果你这么做不是为了帮助他们，那你想帮谁呢？如果是你自己急需帮助，你就该是客户，而不是顾问了。"

我想我就是从那个时候开始和别人说我是卖二手车的。

第4章

看到那里有什么

> 圣诞节收到一把锤子的孩子
> 会发现所有东西都需要敲打。
> ——锤子定律

给不同领域的顾问制作通用工具的想法会不会让你感到不快呢？我提出通用工具的意思不是说你不需要别的了，而是如果你的技能过于单一，你会身陷窘境。

锤子定律

有一个"锤子定律"，说的是：

圣诞节收到一把锤子的孩子会发现所有东西都需要敲打。

手里只有锤子的专家可能最后只能用锤子敲螺丝了。不过很多时候，特殊工具并不是由顾问搞出来的，而是客户坚持要用。我和计算机公司打交道的时候，他们总是想让我用计算机程序来解决问题。要是我提出一个根本不用计算机的方法，他们就没法相信这方案有价值。

发明工具来扩大视野

使用特殊的工具也可能限制你当场发明新工具的能力。几年前，我和一家软件公司合作，他们想要改善低劣的产品质量。那个经理实在是说不清"低劣的质量"到底是怎么回事，只是说他"收到了很多投诉"。

"多少投诉算是'很多'呢？"我问道。然后他就给了我差不多有两英尺高的一堆信。我随便看了几封，提议道："我们把这些投诉列一张表吧，看看客户对哪些产品的意见最多。"

"好主意!"他说,"我能想到你为什么有这个要求。我先去找个程序员。"

"干啥?"

"当然是写个制表程序喽。"

"用不着。"我说。

他看起来有点迷惑,然后突然眼睛一亮。"当然了,你肯定有你自己的程序。"

"这倒不是,"我答道,"不过你的办公室里已经有我们需要的工具了。"我走到墙上的北美地图前,每个客户都在地图上用小红按钉标了出来。"你还有按钉吗?"

他看起来又是一头雾水,不过还是给了我一盒按钉。我把白板上的东西清理了一些,钉上了一张白纸,然后问他所有软件产品的名字,听到一个名字就在纸上画一个方框。然后我让他读那堆投诉信中的第一封。一听到信中提及的产品名称,我就在方框里按上一个按钉,然后告诉他接着读下一封。差不多过了十五分钟,哪个产品引起的问题最多就一目了然了。

经理对此佩服不已,不过,显然要是有个程序,他就更高兴了。于是我说,既然现在已经有了我们需要的信息,也许他可以找人写个程序来把未来的投诉画成表。这让他很高兴,然后我开始研究质量问题,看看投诉最多的产品是怎么生产的。

这个现场"发明"的按钉技巧非常成功,于是我把它加入了我的工具箱。这真是个简单绝妙的工具,要把一堆杂乱无章的信息展示出来,它可比计算机程序现成多了。不过实际上还有比按钉和白板更简单的工具,顾问可以用它们来看其他人没能看到的东西。

历史研究

一个很长的有关面包的故事

春日的阳光在白色的亚麻桌布上跳跃，斯巴克斯正在细细玩赏行政宴会厅的精致细节，这是他升迁市场部主管的第一天。

"你喜欢这些吗？"威尔弗兰问道。

"装潢比我想象的要好，不过这面包篮有点出乎意料。"

"面包篮？"

"几片苏打饼干，还有一些普通的美式切片白面包。我原以为高管吃的东西总该比生面团强点吧。"

"这才是你当管理顾问的第一天，就已经吃了一惊了。"

"哦，我早就惊讶过了，"斯巴克斯一边说，一边往另一片面包上抹黄油，"我这一早上都在研究市场部的组织结构。"

"你喜欢现在的结构吗？"

"喜欢？开玩笑吧！首先，人员完全不行；其次，这部门组织得太差劲了，就算来了牛人也不顶用。我闭着眼睛弄个部门出来都比它强。"

威尔弗兰叹了口气。"听你这么说，我真难过。这部门按照我的规划撑了这么多年，我本来一直还挺自豪的呢。"

"你的规划？"

"是啊，我当初头一回升职的时候，也和你一样被派来主管市场部。"

斯巴克斯开始担心自己短暂的咨询生涯了——第一个活儿刚上手四个小时，就把客户得罪了。他决定换个话题。"我不知道他们为什么就不能把面包烤得好点儿，这玩意儿简直不适合人类食用啊。他们从哪儿搞来的？难不成是劳教所里做的？"

"事实上，这是奥登豪瑟夫人的面包。"

"那没准他们应该把奥登豪瑟夫人关进劳教所。"

"啊，我不知道。奥登豪瑟是位尊贵的夫人，她和我都是孤寡基金会的理事。"

斯巴克斯又抓起一片面包开始急切地抹黄油。

威尔弗兰笑了笑，说："你想听听有关奥登豪瑟夫人的白面包的故事吗？"斯巴克斯点点头，嘴里塞满了面包。于是威尔弗兰说道："杰克和奥登豪瑟以前是我的邻居。这是好多年前的事了，那会儿我们都很穷。奥登豪瑟对营养简直是着了迷，但是她买不起她想要的食品，于是就开始自己烤面包。"

他停了停，惆怅地叹了口气说："那面包真是绝了。我还记得邻居们总是能趁她第一批面包出炉的时候跑到厨房找她。嗯，我还记得那味道！"

因为面包太好吃了，于是有人让她再多烤几个。当然，我们会给她钱，而她正急缺这点小钱。过了一阵子，其他的邻居在我们家里尝到了她的面包，很快她就不得不拒绝更多的订单了，因为她的烤箱已经满负荷运转了。

那年圣诞节，杰克给她买了个新的双层烤箱，这样她就可以服务更多的客户了。那时候，孩子们所有的课余时间都在帮忙烤面包，于是她就雇了薇诺娜·詹金斯来帮忙。

接下来，当地的食品杂货店已经无法满足她对于高质量原料的需求了，于是她联系了一个批发商。她不得不牺牲一点质量，不过定期要这么大量，也只能找到商用级别的送货车了。

她买了第一辆送货车，过了几个月，路上实在太堵了，她不得不把生意搬到商业区去。打那以后，我就不大见得到她了，不过她有一次打电话让我帮忙重新设计人事、采购、收款和分销的管理架构。

我还记得，当初她对于提前一天烤面包以及烤得欠熟的做法还持保留态度。不过她得想办法在送货途中保持架上的面包新鲜。她也不想加防腐剂，但送货流程太长了，她别无选择。

"为了给员工提供稳定的工作，她得组建公司，增加销量。现在她拥有州内最大的面包房，她的面包送上了成千上万个餐馆和家庭的餐桌。"

白面包警告

一名计算机顾问在读完这篇很长的故事后评论道："这似乎有点离题了啊，而且这到底想说明什么呢？"和年轻的斯巴克斯一样，在怎么听客户讲故事方面他还有好多东西要学。一方面，他必须得培养耐心；另一方面，他还得摒弃"单一主题的错误观念"。

斯巴克斯觉得威尔弗兰的故事已经讲完了，并以为自己明白了故事的主题。"这个成功经验可真不错！"他说，"请原谅，前面我对奥登豪瑟夫人和她的面包说了那样的话。"

"为什么？你说得一点没错。这玩意儿吃起来就像没烤熟的淀粉布丁。"

"可我以为奥登豪瑟夫人是你的朋友啊。"

"她是我的朋友，可这并不意味着我必须得吃她的白面包啊。她自己都不吃。她有个住家的厨师。"

"那你通过这故事想要说明什么呢？"

"我想要说的是，要是一个新的顾问能够时不时想想'白面包警告'，也许就能做得轻松点。"

"'白面包警告'？那是啥？"

"如果你用同样的做法，就会得到同样的面包。"

"这谁都知道啊。"

"我也觉得大家都知道，可在最需要它的时候不一定想得起来。我还记得奥登豪瑟决定自己烤面包的第一天。我们在她的厨房里，品尝惠灵顿夫人的面包房里卖的一些面包，然后我问她喜不喜欢那些面包。"

"喜欢？"她说，"你开玩笑吧！首先，这材料完全不行。还有，这烤得也太差了，就算料好也没用。我闭着眼睛烤都比这烤得好。"

"所以这个故事要说的就是这个 。她应该在自己开店之前研究一下惠灵顿夫人的店是怎么经营的。"

"这可真有意思，"威尔弗兰陷入了沉思，"我记得当初我也这么建议来着。"

"那她研究了吗？"

"奥登豪瑟？没有。我记得她说惠灵顿夫人应该被关进劳教所。"

"噢！我想我终于明白你的意思了。不过，我已经想请教你关于如何组织市场部的意见了。"

"那你根本就没明白我的意思。要是我知道该怎么组织这个部门，我自己早就做了。如果你要重复我的错误，我还留你干啥？"

"你是说我不该问你当初 是怎么做的？"

"不是，你当然应该问我**当初**是怎么做的，但是别问我**应该**怎么做，因为我只知道**不该**怎么做。哦，好了好了，蟹肉拼盘上来了！"

伯丁追溯原理

在这幸福国度的某个角落，一位哈利伯顿夫人开始了另一个白面包的轮回。要是她请个顾问来研究一下奥登豪瑟夫人的经历，也许就会有不一样的结局。也许她能避免一些错误；也许她能够找到一些被奥登豪瑟夫人忽视的微小却重要的变化；也许她能够保留好的经验，改变效果不佳的做法。

但哈利伯顿夫人能够从奥登豪瑟夫人身上学到的最重要的教训，在于奥登豪瑟夫人没有去了解历史，从而导致了历史重演。正如格特鲁德·斯坦因[1] 曾经说过的："史鉴昭昭，教诲迭迭。"但你要是不去了解它，历史什么也不会告诉你。

大多数人都和斯巴克斯一样没耐心去了解历史。这也就是为什么了解历史是一个让顾问看到其他人忽视之处的好办法。研究历史的顾问可以避免失误，抓住错过的机会，保留好的经验，改变无效的做法。顾问也可以从中了解周围的环境，因为即使系统需要改变，也还是要经受旧有系统所在环境的考验。

简而言之，顾问要去了解历史，原因就像经济学家凯尼斯·伯丁所说的：

---

[1] 美国作家、诗人、艺术品收藏家，在 20 世纪初的巴黎文艺界扮演了重要角色，尤其是在现代艺术和文学领域。——编者注

事情是一步步变成现在的样子的。

这条准则对于顾问来说实在太重要了，所以我给它起了个特别的名字，叫作伯丁追溯原理。每次接到新的咨询任务并需要迅速了解情况的时候，试试看伯丁追溯原理吧。真要用的话，你可能不得不放慢脚步，听客户讲他那又臭又长且似乎毫不相干的故事。

斯巴克斯解决问题定律

但即使到头来发现那故事真的毫不相干，进行历史调查也可能有重要的政治原因：那些造成问题的流程中涉及的人员还在，也还会以这样或那样的方式参与并试图自己解决问题。

但不要再犯年轻的斯巴克斯犯下的错误：什么都要看并不总是个好主意，或者就算你真看到了，也不要乱下评语。如果大声斥责那些造成当前混乱的人，你可能会发现：

1. 当时有很好、很充分的理由来做出今天看起来十分愚蠢的决策；
2. 罪魁祸首现在已成为你的客户，或者你客户的老板。

出于上述以及其他的原因，在应用伯丁追溯法则的时候，应当记得斯巴克斯解决问题定律：

你越接近找出造成问题的人，解决问题的机会就越小。

研究指南

为了避免落入指责别人的常见陷阱，你需要几条准则来指导自己对历史的研究。第一条可能是：

保持简单，不要太详细；你是顾问，不是律师。

如果你去审问别人，就可能得罪他。此外，你的问题可能会把话题引向他们认为不重要的方向，这可能会绕开或偏离他们认为重要的东西。你可能不赞同他们对于重要性的判断，但他们自己判断和安排的优先级本身就是很重要的事实。所以，要少问，多听。

当然，听多了之后你可能满脑子都是琐碎的细节。为了帮助你决定哪些细节可以放心地忽略，你要记得：

研究是为了理解，不是为了批评。

对于现在已成为待解决的"问题"的状况，该对此负责的人情绪很自然会比较敏感，因为建议进行的任何改变都可以被看作对其人格、智商或远见的鄙视。他们很可能愿意通过交谈来解释他们的处境，但听起来如果你是在批评他们，他们就会闭上嘴。

了解历史的人是最好的信息来源。不要用批评让他们闭上嘴，而是要试着让他们开口：

在现状中寻找你喜欢的东西并加以赞美。

不好的东西很快就会浮现出来。就算你不说，别人也肯定会说，甚至元凶自己都会承认。奥登豪瑟夫人现在知道她的白面包有多难吃了，毕竟她这么多年来都有自己的历史可供研究，就像你的客户也有自己的历史可供研究一样。你也有自己要研究的历史，难道不是吗？

"为什么"的诅咒

要是你有点什么窍门，能拿到别人拿不到的信息，就不用为饭碗发愁了。我的很多客户都让我充当"镜子"——用来看清他们自己。但有时候客户会反客为主，让我看到自己在镜子中都看不着的那一面，就像第七国家银行的兰伯特一样。

顾问应该穿什么

这一天开始的时候平淡无奇，就是给第七国家银行做一个整体检查。等到第二天一早，我应该提出几个新鲜的见解，然后拿上一大笔酬金。我的计划是安安静静吃个晚饭，看看我做的笔记，然后给第二天琢磨几个点子。

兰伯特提出开车送我回酒店的时候，看起来就像是个十二岁的孩子，穿着三件套西装，想装成银行家的样子。这简直是应用逆镀金法则的绝佳机会。兰伯特把自己打扮得与自己的身份不符，这就意味着他有东西要隐瞒。我本不该让他送我的。每次试图无视他那睁大的双眼和无辜的眼神时，我都觉得浑身不自在。

看起来兰伯特之所以给我当出租司机，是因为他有个在银行的时候不敢问的私人问题。我们在等电梯的时候，他脱口而出："为啥你穿成这样？"他问的时候双眼圆睁，摊开手指着我。

我猝不及防，不过用了个缓兵之计。"穿成啥样？"

"就你穿的这样。没穿西装，没打领带，穿条牛仔裤。"

"这是正装牛仔裤①。"我咕哝着反抗道。

"好吧，那为啥穿正装牛仔裤，而不是蓝色的牛仔裤呢？而且为

---

① 正装牛仔裤是指黑色或深色牛仔裤，可搭配正装衬衫，作为相对正式的休闲装。——译者注

什么裤子不盖住袜子呢？还有棕黄色的鞋！为什么不是深棕色或者黑色呢？你现在是在银行工作……"

"我只是在银行做咨询，你才在银行工作。"

"……在银行做咨询……可你看起来像是要去野餐之类的。"

"穿得像去野餐又有啥问题呢？"

"没问题。别误会，我不是要批评你，我只是想知道为什么你穿成这个样子。我一直以为我做这行得穿正装，但你似乎穿得像去野餐也没问题。我就是想弄明白，仅此而已。也许是我的穿着有问题。"

他讲得很真诚，我也不觉得被得罪了。"我说兰伯特，我这么穿已经很多年了。我觉得在几分钟里和你说不清楚啊。"

"没关系。我以为你可能有简单的答案呢。也许如果我让你想一想，你明天能告诉我点什么。"

"好啊，"我说，"也许明天吧。"

回到酒店，我没吃晚饭，因为我几乎没办法暂时忘掉这事。我没去看我的笔记，而是陷入了自省的泥潭。我到底为啥穿成这样呢？

也不是说一点理由也想不出来，我脑子里满是可以告诉兰伯特的东西。一方面，舒适对我来说很重要，这样我就可以把精力集中在咨询工作上。另外，我是在出差，有些衣服打包起来比其他衣服要方便得多。还有，我这趟不是光要来这一家银行，后面还有两家客户要见，其中一家连打领结的人都没有，更不要说领带了；另一家所在的城市比这里更热更潮。我得为这一切做好准备。

另一个因素是我从来没有在第七国家银行做过咨询。我不了解这里的文化，所以就得猜测他们穿什么，以及他们觉得我可以穿什么。我和好多个层级的人打交道，有些是专业人士，有些是管理者，我不想和任何一方显得过分亲近，否则，另一方可能不会对我敞开心扉，或者不会听我讲话。

我得说还有一些不那么有逻辑的因素。流行的款式无疑至少会有潜意识的影响。还有无知：我对时尚知之甚少，我可能从时尚变得落伍又变得时尚却浑然不觉。就像不走的钟一天也会准两次，我如果一直穿一样的衣服，过一阵子肯定就又赶上潮流了。

也许不会。我觉得我有些衣服可能从来就没时尚过，以后也永远不会。我的裤子显短是因为我的腿相对身高比较短。小时候买的现成裤子总是太长。我要是卷起裤脚，别的孩子就会笑话我，但要是不卷，回家时裤子上沾满了泥，就要被我妈收拾了。

我绞尽脑汁去想其他的因素，然后想起来我还过敏。我不能贴身穿羊毛或化纤制品，而且如果碰到任何金属，我的皮肤就会像烧开的糖浆一样起泡。不穿羊毛的衣服又很难保暖，所以我得穿好多层。我可以穿毛衣，但必须得在里面套上一件高领棉内衣，以免毛衣碰到我的皮肤。

当然，我穿高领也可能是因为我对领带有不可理喻的憎恶。我有次读到"领带"（Cravat）这个词源自法语"克罗地亚人"，因路易十四的克罗地亚士兵而得名。我觉得挺有道理，因为"奴隶"（slave）一词源自"斯拉夫"（Slav），也就是塞尔维亚 – 克罗地亚人。在我看来，戴领带的人都像是脖子上拴着根绳儿。

我得说这种偏见给我省了不少钱。别人都觉得我花钱仔细，这很大程度上是因为我没能跟上衬衫、裤子、风衣、鞋子乃至袜子的潮流。

是的，乃至袜子。至少我不会挑错袜子，因为我只有一种袜子，而且全是一个颜色的。我一次买三十双，因为我在叠衣服的时候无法忍受要去挑袜子配对。它们都一样，我就可以在赶早班飞机的时候摸黑找袜子而不用把丹妮弄醒。

但这样买袜子的主要原因是钱。要是酒店的洗衣房弄破或是弄丢了一只袜子，我不用把另一只也扔掉。似乎我也可以让洗衣房赔给我（他们可收了不少钱），不过我实在受不了这份麻烦。我不遗余力地让我的生活没有麻烦。

要是客户有要求，我甚至会去买特殊的衣服。眼下我没有领带，不过如果客户觉得这是个事儿，那我就会买一条然后开进账单……（自本书首次印刷之后，我就这样做了。我当时是作为一个联邦法院案例的专家证人。出于法庭礼仪，我的客户带我去购物，给我买了一套"合适"的西装，还有衬衫和领带。所以现在我有一条领带了。）

哦，我的账单！我的客户！我到底在这里干啥，为了衣服念叨个没完？我有活儿要干啊！

但现在已经太晚了。我已经浪费了太多的时间，没空去搞第七国家银行的问题了。我唯一的希望就是能睡个好觉，以便明天早上头脑清醒。可我在床上翻来覆去，满脑子都是不配对的袜子在跳舞，我因此咒骂兰伯特和他那该死的问题。

到了早上我还在骂兰伯特。对我来说，兰伯特就像是一只蚂蚱无辜地问蜈蚣："你走路的时候怎么决定先迈哪只脚呢？"我就像那个可怜的蜈蚣一样，再也没法迈出一步。

无穷无尽的理由

兰伯特做的那一番无辜的系统分析让我陷入了"为什么"的泥潭。

我本不该这么傻的。我老爸总是告诫我：

我们可能会把能源耗尽，或者空气，或者水，或者食物，但我们永远都不缺理由。

人们可以为自己所做的事情给出理由，如果你不满意，他们还可以给你更多的理由。

人们也很擅长为不做什么找理由。或者，像哈姆雷特一样，同时能够找出正反两方面的理由。

兰伯特用一个"为什么"问题拴住了我，而我想在有限的时间内回答他。这导致我要毫无准备地走进银行，我就要丢掉这笔生意了。

且慢！既然兰伯特可以用"为什么"来套住我，也许我也可以用"为什么"来套住他和他的同事。我重拾信心，昂首踏进银行，开始就前一天的信息提问。

"你的系统为什么这么搭？"

"为什么要在七月一号前做这个改变？"

"为什么你的组织是这样运营的？"

"为什么你不多用用那台机器呢？"

"你为什么拼命用这台机器呢？"

"你的表格为什么需要这条信息呢？"

"它为什么不需要那条信息呢？"

这招真管用。他们开口了。他们争论了。他们倒出了大量的信息，比我前一天全天收集到的还要多得多。到了这天结束的时候，他们对我的观察力大为叹赏，和我签了份合同，要我再来咨询三天。我踌躇满志，答应让兰伯特送我去机场。

不出所料，我们还没上高速，兰伯特就提出了着装的问题。这次我可是有备而来。"为什么不这么穿？兰伯特，你总不能裸奔吧，所以你总得穿点什么。那为什么不穿成我这样呢？"

很不幸，兰伯特这套思路实在太无辜了，他没落入这个圈套。"那为什么你不能裸奔呢？"他问道。

我一辈子都得感谢那个不知名的司机，他开着一辆绿色的1975年版的勇士牌汽车，突然一个急转，挡在了兰伯特的美洲豹车前面，给了我时间来甩掉"为什么"的诅咒。等到兰伯特惊魂稍定，我已经准备好了。

"说真的，杰瑞，要是你可以想穿什么就穿什么，为啥不能裸奔呢？"

"你看，兰伯特，"在他下了高速转进机场入口匝道的时候，我说，"要是上帝想让我们裸奔，我们生下来的时候就应该是赤身裸体的。"

我再也没有听到兰伯特有什么说法了，并因此毫无困难地走完了剩下的旅程。

透过表面现象

大不是马

把"为什么"的诅咒用到客户身上是一个获取事实的好办法，但你仍然需要发现事实背后的原理。更有力的一种技巧是从客户那里学习原理，然后把原理应用到这个客户的问题上。

里克是一个数据处理经理，但他的最爱是驯马。他最近来到林肯市处理公司的维护问题，但在我们开始工作之前，他坚持要去看看内布拉斯加州际集会上的马展。

虽然我训练过自己的德国牧羊犬"甜心"，但是我一直都觉得马之类的大动物很神秘。说实话，每次走近马的时候，我满脑子都是如果它踩我一脚怎么办。我把这种担心告诉了里克，他微微一笑，说："大不是马。"

"这话是啥意思？"我问道。

"为什么你不想一想呢？"他说，"你每次给我提些诡异的咨询建议的时候都是这么说话的。"

我别无选择，只能闭上嘴看着那些马，但还是毫无头绪。我们回到我的办公室之后，"甜心"在门口迎接里克。里克在门口僵住了。"怎么啦？"我问道。

他哆哆嗦嗦地冲着"甜心"比划了一下。"瞧瞧那些牙！它能把我生吞了！"

标签法则

我笑了，告诉他可以从"甜心"的姿势和摇尾巴的方式看出它不会咬他。事实上，他唯一的危险就是它可能会舔他的手。

"好吧，"里克说着，小心地伸出手接受一次舌浴，"我相信你。你看，这就是我刚才说的，'大不是马'。和马相处的驯马师会看到几十种重要的特征，权衡每一项对训练可能产生的影响。而不驯马的人所能见到的就只有第一印象和最显著的东西：它们的个头。"

里克给我上的这一课，我现在把它叫作"标签法则"：

我们大多数人买的是标签，不是商品。

语言学家和哲学家会换一种说法：

事物的名称并不是事物本身。

这个法则提醒我们，我们很容易给见到的每一样新事物加上一个名字—— 一个标签，然后照此行事，好像这个标签就是真实而完整的表述了。就算里克知道标签法则，但他是驯马师，不是驯狗师。他在"甜心"身上见到的就只有它的牙。

真正的专家可以在一种情况下看到很多方面，而新手就只能看到大，或者看到牙，或别的最明显的东西。因纽特人描述雪的词有好几十个，而且他们真的能看到好几十种不同的雪。我们南方人只看到一种，就把它称为"雪"。但我们学习滑雪的时候，学到的关于雪的词汇简直要赶上因纽特人了，比如"细粉雪"和"粗粒雪"之类的字眼。学会了更精确地描述雪之后，我们就能更有效地解决滑雪问题。

任何咨询问题都是一个道理。无能的顾问不懂得深究问题，只能用头脑中浮现出的第一个词给它贴个标签，可能是试图隐瞒问题的客户提供的镀金标签，也可能只是描述情况中最显而易见的方面的标签。一旦这种脸谱化的标签变得根深蒂固，问题就会愈发难以解决。

维护还是设计

在过去几年里，除了里克的电话之外，我接到的让我帮助降低软件维护成本的电话越来越多。我开始意识到，"维护"这个字眼是有史以来被发明的最差劲的标签之一。

会议一开始，里克就说他百分之八十的软件预算都花在了维护上。我说这个庞大的数字可能只意味着他把太多的东西都堆在这一个标签下面了，就像我看马只看到它们的个头很大一样。里克同意让我看看维护这个标签下面所做的一些具体工作。

我试着用因纽特人看雪的办法来看这些工作。我发现差不多有一半的工作都应该贴上别的标签。比方说，每过几个月就要改价格，这个价格被直接写进程序里，而不是保存在易于维护和查看的表格里。有一组三个程序员一天到晚地改软件来更新价格。

术语的选择影响了里克尝试改进现状的方式。他把这个工作叫作"维护"，这就把注意力放在了团队编码和测试的效率上。我建议他把这个问题称为"设计方式和维护能力不匹配"。

从这个角度来看，这个问题可以当作设计问题或者维护问题来处理。这一组程序员决定用一张价格表来重新设计代码——用户部门已经在维护这张表了。这个团队的"维护"工作就这么消失了。还有一个额外的收获：用户非常高兴，维护价格的繁杂工作也可以用便携式计算机上的文字处理软件完成了。

误导法

我的一位客户给我讲了一个乐观主义者和悲观主义者争论哲学的故事。乐观主义者说："这个世界是所有可能的世界中最好的。"悲观主义者叹了口气说："你是对的。"

这个故事很有代表性，很多旷日持久的争论说到底就是两派给同一个情况贴上了不同的标签，即使他们用的是同一个词。在相当多的情况下，这两种标签不同，甚至截然相反。还是这个客户告诉我，他们最大的问题是所有的开发项目都超支。然而当我见了程序员之后，他们告诉我管理层在资源上太抠门了，从来都不够他们把工作做好的。同一种情况，管理人员说是超支，程序员则说是预算不足。

贴上一个充满感情色彩的标签来把注意力从某个方面移开，这叫作"误导法"。把这种情况称为超支就假定预算是对的，把它称为预算不足就假定工作已经尽可能高效。每个标签都试图把人们的注意力从项目的某个方面引开。管理人员是做预算的，所以喜欢说超支，因为这样就可以保护自己，不去看他们引发的问题。工作人员不做预算，所以喜欢说资金不足，这样就把注意力从自己引到了管理者身上。

三个手指法则

顾问不应该被客户所做的误导蒙蔽，但这种事我们每个人都会遇到。发现自己被误导的最有效方法之一，就是看看对方伸出来的食指。很多人会下意识地挥舞或伸出食指来加强对你的误导。每次看到这根手指在空中挥舞，我就用这个中国谚语来提醒自己：

你用一根手指指别人的时候，看看另外三根手指在指哪里。

即使我就是伸出误导的手指的那个人，道理也一样适用。

五分钟法则

在最后做分析时，只有经验不足的顾问才会担心怎么收集信息。提高洞察力的方法有太多太多，有经验的顾问知道，信息从来都不缺。说实话，当我刚刚接手一个新的咨询任务的时候，最大的问题就是信息如洪水般扑面而来。我采访的每个人都有又臭又长的故事，还有成千上万的为什么是这样而不是那样的理由、咒骂和相互指责。过了这么多年，我已然相信在这海量的信息中一定有针对客户问题的解决方法。要不是信息铺天盖地，客户自己就会看到解决方法了。

但客户已经蒙了，所以他们找了个顾问，顾问会听他们讲，然后稍微变化、包装一下，再交给他们。如今，我削减信息洪流的主要方法就是"五分钟法则"：

客户永远都知道怎么解决自己的问题，并且会在头五分钟里讲出来。

这对威尔弗兰是成立的，潜移默化的问题被编进了他讲给斯巴克斯的白面包故事中。这对第七国家银行是成立的，最后发现问题是过分讲求形式（在着装和其他方面），结果扼杀了所有人的创造性。这对里克也是成立的，他把设计问题错误地贴上了维护问题的标签。这对分不清超支和预算不足的另一个客户也是成立的。

作为顾问，我本可以在头五分钟里抓住这些信号，让自己免于日复一日地苦苦收集信息，或者至少给自己找出如何整理信息的有力线索。但有时候我实在太怕客户了，头几分钟太紧张，结果没仔细听，光盯着他们的牙看了。

第 5 章

看到那里没什么

> 语言经常很有用，但听听音乐总有好处，
> 特别是你自己内心的音乐。
>
> ——布朗的天才遗产

我为我"独创"的按钉技巧感到非常自豪。好多年来，每次要解决质量问题的时候我就把它使出来。但这个工具实在太好使了，它导致我忽略了显而易见的东西。有一天我到一位新客户那里去解决另一类问题，并注意到一个为投诉而设的按钉板。

我指着按钉板问："你们的软件有质量问题吗？"

"没有，我们的软件质量是全行业最好的。为什么问这个呢？"

缺失的工具

然后，我意识到我早就该注意到的问题：缺乏展示投诉的工具是存在质量问题的标志。将投诉罗列出来是高质量软件生产流程的一部分。如果流程里缺了这部分，人们就很难知道自己在生产质量低劣的东西，也很难采取任何应对措施。在所有其他客户那里，一旦我引入了这个展示方法，很可能就不需要再做其他事了。反馈本身会最终引起质量的变化。

发现别人已经发明了我的技术，我感到有点尴尬，并觉得需要点别的什么东西来提升我的顾问形象。我能利用按钉板上的信息找出生产质量最差的团队，我为自己具有这一能力颇为得意。然后，我会指出这个团队做的一切都是错的，并帮助他们改进质量。这种方法肯定可以改进质量，但我一直觉得这个流程哪里不对。我看起来简直是在搞巫术，往那些工作做得不好的可怜人身上扎针。

如果你不是聪明绝顶，那不如做个好的倾听者。最后，有人问我："你这人怎么这么消极呢？你就不想看看我们的优秀程序员在干什么吗？"哈哈，我知道了！既然我能用按钉找出有质量问题的产品，那我也可以用同样的技术来找出哪些团队没有质量问题。去见那些团队的时候，我立刻学到了十几种改进软件质量的新方法。

我又一次没能注意到不存在的东西。我太专注于问题，结果忽略了不存在的问题，就是本来可能出现实际上却不存在的那些问题。我仔仔细细地把自己的顾问工具箱翻了个底朝天，得出的结论是我缺乏所需的工具来看到那里没有什么。我迄今尚未找齐所有缺失的工具，但现在我多了以前从来没有的几招。要是我能知道还缺什么就好了……

从"少了什么"开始推理

年轻顾问容易对自己的独创想法洋洋得意。发现别人在我出生之前就发明了按钉板方法简直把我的自尊心伤透了。后来随着自己变得更加睿智，我发现实在没有几样是新工具，不过倒是有应用旧工具的新方法。

最初想到按钉板方法的时候，我并没有充分利用它。按钉板不仅展示了哪些问题存在或者不存在，还显示出哪些问题引起了多少麻烦。一旦你知道这个，就可以应用伯丁追溯原理，对产生那种问题的系统多加了解。

平均定律

比如，如果把鲁迪黄萝卜理论反复应用几次，就会影响剩下的问题的分布。假设在关于产品线的每 1000 个投诉中，前三大问题（来自三个产品）分别导致了 700、150 和 60 个投诉，其他所有产品的问题加起来导致了 90 个投诉。如果可以完全消除最差产品中的问题——关于它的投诉占到了所有投诉的 70%，那剩下的问题分布就是 150、60 以及其他所有产品的 90 个投诉。如果你又改好了下一个最差的产品，关于它的投诉占到了剩余投诉的 50%，那么现在就剩下一个有 60 个投诉的产品，其他所有产品有 90 个投诉，也就是说，你最大的问题只占所有投诉的 40%。

随着你一点点不断改进最坏的问题，最坏问题所导致的麻烦所占的比例会降低，而剩下的问题所占的百分比会趋于平均。这就是为什么"平均定律"可以成立：

高效的问题解决者可能有很多问题，但很少会有某一个特别重大的问题。

在平均定律成立的范围内，顾问可以通过观察现有问题造成的故障的分布来了解客户的很多东西。如果你作为顾问发现问题分布相对平均，就可以大致认为客户并没有遇到什么重大问题，很可能他们一直在跟踪问题，不让任何一个问题失控。

没有突出的重大问题这个事实，意味着已经有了某种有效的问题解决机制。即使你可能并没有解决什么特别引人注目的问题，但还是可以找出客户喜欢的问题解决机制，用在你自己建议的方法上。这会让你给客户留下好印象。

缺失的解决方案

如果客户有一个突出的问题，就意味着客户缺少了一样更为重要的东西——把问题按照严重性排序的方法和策略。要理解为什么会得出这样的结论，可以应用伯丁追溯原理。如果有一个问题在所有的故障中都是主要的因素，并且这种情况已经持续了一段时间，那么显然客户要么是解决问题的效率低下，要么就是没有用**最坏优先**的方式来处理问题。

虽然解决最坏的问题可以得到不错的回报，但在这种情况下，顾问不太可能找到一块能让自己的想法生根发芽的沃土。你不应该去寻找已有的问题解决机制，而应该去做一些能将大问题明显变小的简单事情，并且做的时候要记得提高客户对你的信任程度。你可以用这种信任来获得某些资源的投入，以便进一步把大问题变小。

但这种策略的缺点在于会让客户更加依赖顾问，导致他们自己越来越没有能力解决问题。一个更好的方式可能是开始时先把大问题放在一边，着手建立客户自己解决问题的机制。你可以选择一些简单且比较有把握成功的东西。即使解决小问题的回报不高，客户也会学到如何自己解决问题，这样做还有一个好处就是能帮助他们获得所需的自信。

缺失的历史

看问题不仅要看分布，还要看分布的历史变化，这一点很重要。如果突出的问题是最近才出现的，那有可能是由于突发的外部事件引起的。这样也许就比较适合运用在新问题出现之前客户已有的解决问题的机制，直接着手解决问题。

比如我的一个客户，他们的主设计师不幸坠马去世了。先前的咨询经历告诉我这是一个健康的组织，关键人物会定期休假，他们不在的时候其他人也能应付。我们没有马上雇人顶替或提拔一个欠缺经验的设计师，而是制订了一个计划，让所有剩下的正式设计师分别接手过世同事的一部分工作，一般是他们比较熟悉的那一部分，同时也允许他们把自己工作中容易移交给资历较浅同事的某些部分转交出去。

主设计师去世本可能成为致命打击，但是仔细分配任务让客户成功渡过了难关。不过，要是放在一个每个人都推迟休假、不停加班而且彼此都不知道别人在干什么的公司，这种方法就大错特错了。突然离职会给这种公司带来沉重的打击，而讽刺的是，这种公司恰恰最容易发生员工突然离职的事。如果他们在这种情况下请咨询顾问，我会试图利用该组织当前对灾难的恐惧来激励他们做出微小却重要的组织变动，诸如建立设计审议体系，让员工更熟悉他人的工作。

缺失的求助

按照客户的本性，他们很可能会要求我给一个眼前的问题提供快速解决方案，但快速解决方案都帮不了什么大忙。然而，一般来说我不会遇到这种情况，因为解决问题的能力非常差劲的客户也很少向外界求助。这里缺失的就是求助。在你恰好在场而且突然有问题发生的时候要记住这一点。因为你是个顾问，所以你可能会自然而然地参与到解决方案的寻找中，但"自然而然"参与是不够的。记得要有人明确请求你参加。

在我们这行，一个最大的讽刺就是最需要帮助的人很少向顾问求助。要是你恰好就在旁边，有时候会情不自禁想要帮忙，虽然没人请求。千万不要！要是没有人求助，很可能你也帮不上忙。

有些顾问会遇到被迫前来的客户，就像那些被迫去看法庭指定的心理医生的失足少年一样。要是你一直找不到客户的话，也许会羡慕这样的顾问，但也许你根本受不了他们那让人泄气的成功率。这些顾问很快就会知道，他们的第一项议程就是让客户提出缺失已久的求助。可单就这件事，他们一般也搞不定。

如何找出少了什么

对"没有求助"做出反应只是顾问以缺失的东西指导下一步行动的一个例子。如果顾问注意到其他的事情，也有可能受到启发采取其他行动，比如公司里没有女性，或者没有 35~50 岁的人，或项目领导谈起离开的人员时毫无悔意，或根本没人谈起培训部门，诸如此类。我有一次在项目中注意到，在任何人的办公室里都看不见私人物品；另外一次是没人使用新计算机的某些功能；再有一次是我意识到从来没人提起项目的交付日期，这让我有了很好的着眼点。

这类例子让我相信，我应当培养发现缺失的能力——看看少了什么。但怎么才能看到少了什么呢？我没有最终的答案，不过可以告诉你一些我觉得有用的方法。

意识到自身的局限

因为每个咨询情景都不一样，所以要给出一个普适规则来找出少了什么实在很难。但有一样，在你面对的每一个咨询情景中都少不了你自己。假设你在先前的任务里漏掉了X、Y和Z，那就要应用伯丁追溯原理，问问为什么。答案很可能是你自己缺了某种东西，也就是发现X、Y和Z的能力。因此，除非你针对这种观察力的缺失做点什么，否则在下次任务中你很可能会再次漏掉X、Y和Z。

就我来说，我以前一直很难注意到压根就没有人向我求助，所以我找出了一些技巧来**强迫**自己去注意。当潜在客户打电话的时候，我总是会要求他们用一封简单的信来对电话沟通做确认。研究书面的信比研究口头请求容易多了，这样就可以看到他们真正要我做什么和不要我做什么。

即使是我去拜访客户，如果当场有人要我做什么事，我也会要求对方把这个请求体现在纸面上。如果必须立即回应，我会把我对于请求的理解记在笔记本上，并要求客户阅读和确认。大多数情况下，我没有听清楚要求，那么写下来并核对就可以避免麻烦。

虽然我觉得这是个很有用的技巧，但它可能对你毫无价值甚至你会因此得罪客户。我这里就不推荐任何特定的技巧了，但一个通用的办法是：

找出你经常漏掉什么，并设计一个工具保证你不会再次漏掉它。

利用他人

人和人之间的差异可能会让顾问挠头，因为他每遇到一个新环境都必须评估每个人的特点，但如果要看看缺了什么的话，这种差异性就帮了大忙。你可以向尽可能多的人提问说："我漏了什么吗？"联系内部人员，利用他们长久以来对情况的熟悉和了解来应对你的难题。

让外部人员提出新鲜真挚的见解。招聘的人员要有不同层次、不同角色、不同背景。听听他们的第一印象，也让问题在他们脑海中慢慢浮现。

曾经有一家公司，我和它的一个团队一起解决提高程序员生产率的问题。我试图找出这些组员是不是缺了什么本可以提高生产率的工具，但似乎一无所获，因为该公司的政策是，只要有程序员提出缺什么，公司要么去买，要么就自己造。

我毫无头绪，于是要求休息一下。在去洗手间的路上，我停下来问一个清洁工，这个公司少了什么。他想了一会儿然后说："他们从来不让我擦黑板。"这在我脑海里敲响了警钟，我看了几间办公室，发现每个人的黑板都写满了，还有一个差不多一直挂在那里的"保留"符号。

回到会议室后，我提出了黑板使用的问题，这之后引出了合理使用其他工具的更大的问题。如果合理运用，黑板可以成为激发灵感的社交工具，但要是变成了永久性的私人公告板，满是永远都不能擦掉的重要电话号码和计算机程序的话，就没法完成它应有的使命了。这一讨论揭示了这个团队并不缺什么工具，但是缺乏保证工具有效运用的流程。大多数工具的用法都像黑板一样差，这个情况正是我们要纠正的。

研究其他文化

这个清洁工的例子揭示了另一种找出少了什么的技巧：清洁工所在的小圈子和程序员是不一样的，因此可以看到程序员看不到的问题。如果我们能够找到其他小圈子，就可以把它们作为模型，和我们所要研究的文化加以比对。作为顾问，我见过许多不同的组织，每个组织都有一些其他组织没有的做事方式。我专门去找在美国之外的咨询任务，因为这可以拓宽我的眼界，发现自己文化中缺少的东西，并注意到其他一直习以为常的东西。

比如在丹麦，很多小公司都有一位"午餐小姐"。她每天都带来极为诱人的三明治自助餐，这时整个工作团队都会坐下来一起吃午餐。这是一段很轻松的时间，但参与者会就共同关心的话题做出许多重要的决定。在主持解决问题的会议时，我们注意到，丹麦人只要做决定，就会围在一张大桌子周围，一起享用一点食品或饮料，由此建立一种亲切的决策氛围。

有些美国的工作团队也发展出了类似的做法，但其他很多人则在午休就餐的时候各自散去。有了丹麦的经验之后，我发现这种典型的美国做法浪费了培养团队决策技能的机会。在几家公司中，我都说服管理层每周赞助一顿上好的全体午餐，而这一般都能在更好的团队合作中得到回报。

利用洗衣单

有时候，明确地列出可能缺少什么东西，比依赖自己的记忆更好。在进行技术讨论时，我们列出了一系列清单，诸如会议中可能需要的材料，准备讨论的步骤，或者在审查文档时要注意的点。我们一直称其为检查单，直到一位客户指出它们更像是洗衣单。洗衣单会提醒你**可能**忘记的各种东西，但它可能需要清理。检查单也是类似的意思，但它指出的是**必须**有的东西。你现在看到的这些都是洗衣单，而不是检查单。你不用每个都做，但可能应该考虑一下。

在处理一个不甚清晰的情况时，你很可能事先说不出什么东西是**必须**有的，这时洗衣单就比较好用。还有一点很重要，就是不要对自己的清单过分自信，因为这会让你愈发容易漏掉重要的东西。

检查流程

除了告诉你缺了什么之外，洗衣单还另有他用。它可以用来判断你寻找缺漏的过程是否有效。先把洗衣单放在一边，然后自己列出缺少的东西，再比较两份清单。如果洗衣单列出了新的东西，那也许你最初思考缺了什么东西的流程不是很全面。试着对这个流程稍作改动，然后继续工作。

虽然好的流程也不能保证看到所有东西，但不好的流程几乎可以保证你会漏掉点什么。任何现有流程不佳的征兆都预示着新的流程应该会比较有效。在为客户组织工作的时候，我可以召开一个会议来找出缺少的东西。如果这个会议被一两个人主导，我就知道肯定不会得到其他所有人的点子。我会试图让这个主导的人有所收敛，但如果我搞不定的话，就会中止会议，然后找个更容易让人融入的环境单独和参与者会谈。

论胡扯

那么，这种用洗衣单来寻找缺漏的方法又缺了些什么呢？我又把它审视了一遍，它似乎挺合情合理的，而这正是问题所在！如果我没能搞出几个不合情理的东西，那这个流程肯定太保守了。

遥想年少懵懂时，我期盼变得成熟睿智，或者至少有那么一堆靠得住的点子能让我看起来比较英明。现在我有把年纪了，也熟悉了生活保守的现实，已经对付不了年轻人离奇的胡思乱想了。

我为什么不当教授了

几年前，我觉得凭我的智慧足够当大学教授了。我为这种幻觉沾沾自喜了几个礼拜，直到遇到了我的学生。从那往后，我就是一路下坡了。我确实挣扎了很久，甚至擅自开了一门系统思维的课程，就好像我真有什么可以教的一样。正是系统思维课给我的教授生涯带来了致命一击。

朱迪课后留了下来，并告诉我她要转到欧柏林学院了。朱迪言语犀利俏皮，让她显得与众不同，所以我对失去了这么一个学生感到有点遗憾。

"这和学校没什么关系啦，"她安慰我说，"我的姐妹去了欧柏林，我们可亲密了。"

"她是你姐姐还是你妹妹？"

"都不是。"

"都不是？"

"我们是同一天出生。"

"啊哈，"我得意了，作为温伯格双胞胎定律的发现者之一，这可是我的拿手好戏，"你们是双胞胎！"

"不是，我们不是双胞胎。"

"同一天出生，还不是双胞胎？你们是同父异母？"

"不，我们是同父同母的。"

"那你是被收养的！"

"不是的，我们有共同的**亲生**父母。"

"嗯……亲生父母一样，同一天出生，还不是双胞胎？这我得想想了。我漏了什么？"

"想想吧，我想瞧瞧你是怎么应用教给我们的那些原理的。"

我就不让你和我一样遭罪了，我还是没有说出那句可怕的话："我不知道。告诉我吧。"到了下一个班上课的时候，我的眼袋已经和我的裤子口袋一样大了。

很显然，朱迪以前就见过这种状况。作为医学院预科生，她实在看不得别人受苦，于是走过来，也没逼我承认失败，直接告诉我了。

"三胞胎。"她说。我自负的泡沫破灭了。我脑海中有千万个理由呼啸而过，想证明这个问题不公平。被一个小丫头片子打败了，这种事怎么可以发生！她可能对高等教育一点都不知敬畏了！她可能会在欧柏林放肆！送去这么一个目无尊长的学生，人家该怎么想我们！

"你不觉得这有点离奇吗？"这是我能凑出来的最好的回答了，但我需要时间来冷静一下。

"杰瑞，这怎么能算离奇呢？我就是这三胞胎之一啊？"

我真该听别的教授的话。他们警告我，要是允许学生直呼名字，早晚他们会爬到我头上。更糟糕的是，还有其他学生围观。也许我可以利用一下他们的同情心。

"这对你而言当然不离奇，可在座的有几个人见过三胞胎啊？"我屏住呼吸。没有，我猜对了。没人见过三胞胎。"你看，这事就是有点离奇，至少从这个词的字面意义上讲。"

这本该让她知道不要和教授进行语义学的争论，但这黄毛丫头还是不肯知趣地承认失败。"这说法我没法接受，"她继续说道，"你确实有可能从没有见过即使同一天出生也不是双胞胎的姐妹，但也有可能你是故意装不知道，就为了证明你的观点。"

"我要是真知道的话，肯定不会忘记这样的姐妹的。"

"我想你会的。事实上，我觉得我能证明你会的。我们打个小赌怎么样？你愿不愿意赌五块钱？"

我当然知道，可敬的教授肯定不会从穷学生那里拿钱。但是得给朱迪一点教训让她带到欧柏林去，否则她要是遇到不像我这么开明的教授肯定会有大麻烦。"好啊，一言为定。那在最后揭晓的时候，在场的都是证人。"

"哦，用不了那么久。我们现在就可以揭晓。"

"现在？你怎么可能证明我曾经见过同父同母、同一天出生却不是双胞胎的姐妹？"

"因为你自己家里就住着两位这样的姐妹呀！"

"啥？我自己家里？别胡扯。啊啊啊嗷!!!"

这就是我那饱胀的自负皮囊泄气时发出的声音。那一刻，我觉得自嘲比当教授有意思多了。而且，我帮不了我自己。

温伯格离奇定律

我那天差不多把这个故事讲了五十遍，甚至一位快要退休的教授也有幸聆听。到家的时候，我忍不住告诉了丹妮。我也告诉了那两位同父同母、同日所生却不是双胞胎的姐妹，虽然她们可能没能完全领会故事的妙处。"玫瑰"和"甜心"喜欢在听到我们笑的时候汪汪叫摇尾巴，所以它们也算分享了乐趣。由于它们的听力比视力好，而且"抛离－取物"是它们喜欢的游戏，于是我就编出了温伯格离奇定律：

有时候觉得离奇，只是因为眼界不够。

我确实想过将之称为温伯格三胞胎定律，不过那样就剧透了。再说，"玫瑰"和"甜心"也不是三胞胎，我记得它们那一窝有七只。

三的法则

我想我并不是唯一想要聪明而且成功的人，也不是唯一因此让自己输掉赌注显得愚蠢的人。一个人要是想永远正确，就很难看到自己思维流程中缺漏的东西。在输掉了和朱迪打的赌并且颜面扫地之后，我倒觉得我得扩充"缺了什么"的技能储备，特别是找到可以用在我自己思维上的技术。

从和软件设计师的工作经历中，我已经发现有一种工具可以找出"缺了什么"。我本可以用它来解决朱迪的问题，但脱离了原先的环境就没能想到。要检查软件设计流程，我们会讲授"三的法则"：

要是你想不出计划中可能出现的三处问题，你的思维肯定是哪里出了问题。

三的法则可以用于检查任何思维流程。它肯定能够翻出大家都忽视的什么东西。如果你打赌的话，这可以让你在"毫无疑问"的东西上少输很多钱。

让你的思维放松

你第一次应用三的法则时，很可能会发现有人抱怨："我实在想不出别的了。"在这种时候，每个顾问都应当储备一套激发点子的技巧，比如头脑风暴[①]、头脑写作[②]和游戏等。以下是我们用的一些方法。

寻找相似

想象一个和当前面对的系统有些相似的系统，从那里寻找思路。生物、心理学、工程、体育、家庭生活、健康都是很好的备选对象。这个系统不一定要和你的系统完全一样，因为你是在找灵感，不是在找答案。

曾经有一家公司，我们研究了他们的技术培训项目，有人提议拿训练动物来类比。这个类比让我们意识到，我们一直都只注重训练的内容，忽视了背后的奖惩体系。由此我们对最近参与培训的人员做了个小调查，结果显示，很多人把视频培训看作一种惩罚，因为他们看视频的时候得孤零零地坐在一个不通风又脏兮兮的库房里。这个情况很快得到了纠正，于是员工对培训的要求有了井喷式增长。

[①] 头脑风暴（brainstorming）是由美国创造学家奥斯本提出的激发思维的方法，多采用参与者围坐在桌前畅所欲言的形式，以期相互借鉴并逐步改进，获得创新的解决方案。——译者注

[②] 头脑写作（brainwriting）是一种书面的头脑风暴方法，参与者不是相互交谈，而是各自写下自己的想法，然后交换。——译者注

推至极限

另一种探索未知领域的方法，是找出系统的某种属性，然后想象把它推到极限会发生什么。要是成本翻番了会怎么样？要是能白拿这些部件又会怎样？要是能在零重力下生产这些东西会怎么样？要是所有政府监管突然消失了会怎么样？你知道这些事情不会发生，但是在脑子里想的时候会扭曲现有的系统，让你看到先前被合理性遮蔽的东西。

比如，在研究士气和流动性问题时，我们想象要是公司根本没有人员流动会怎么样。这让我们发现，人员流动还有原先没有注意到的好处：雇用新人会引入新的思想。我们实施了一个方案来降低人员流动，同时引入了新计划来为公司补充新的思想。

越过边界

我们都知道，东西容易掉进缝隙里，而在系统连接的边界处最容易出现裂缝。对于计算机系统来说，可能每个组件中都有强大的诊断程序用来找出问题，但要是电缆出了问题，则没有一个专用诊断系统能够找出问题。系统一个部分和另一个部分之间的边界是寻找缺漏的好去处——每个部分都想当然地认为这是由另一部分负责解决的。

要找出这些夹在缝隙里的东西，首先要列出系统中所有的外边沿以及所有的内部边界，再列出应该穿过边界的东西。人们可能会反对说"这不是问题所在"，但这恰恰说明你已经步入正轨。把这些列表当作洗衣单，往往可以揭示先前忽视的东西，比如那些因为电话转接过程中的缺陷而永远在等待的顾客。

寻找借口与寻找解释

山姆·斯贝德、玛普尔小姐和陈查理①都知道，托词太过精巧的嫌犯肯定犯了点什么事。找到那些解释，看看它们是不是遮掩某些漏掉的东西的借口。比如，在一家酒店的浴缸中，我们看到了一个警告：

为了您的安全，请注意浴缸的高度。

因为上一次来的时候还没有这个标牌，所以我们怀疑这是在有人从浴缸里出来时摔倒了之后加上的。浴缸是固定的，所以浴缸底比地面高出几英寸，人出来的时候很危险。这标牌固然是为了客人的安全，但更重要的是下次有人摔倒的时候，可以让酒店免于承担法律后果。换句话说，加这个标牌是为了保护酒店，免得有人责怪它没能在一开始就考虑周全。

在和各个公司一起工作的时候，我经常像研究酒店的标牌一样研究他们的写作标准和流程。在一本流程手册中藏着一条诡异的规则：禁止使用某些特定的代码组合来标识产品。追根溯源，我发现程序员把这些代码用作了特殊的内部记录。当有人不小心用到了一条这种内部记录的时候，这种要命的编程习惯就会给他们带来大麻烦。

很多成文的规定都是为了快速修补过去发生过一次的事故而设立的。那个事故可能已经被人遗忘了，但规则还在，提醒一种可能再次发生的情况。禁止使用特定的产品代码这条规则并没有阻止人们将这

---

① 山姆·斯贝德（Sam Spade）是达希尔·汉密特的侦探小说《马耳他之鹰》（*The Maltese Falcon*）中的侦探和主人公。玛普尔小姐（Miss Marple）是阿加莎·克里斯蒂笔下的一名女侦探，精通人性，是侦探波洛的好友。陈查理（Charlie Chan）是美国作家厄尔·比格斯笔下的华人探长。——译者注

种糟糕的编程习惯用在别的程序中。我们搜索了整个程序库之后，又发现了十几处容易发生类似问题的地方。

情感因素

"荒诞"的游戏能够很好地揭示采用理性方法时所遗漏之事，我至今对此还是有点惊讶。我本不该惊讶的。客户在理性方法运行得很好的时候很少请顾问，所以总是需要点不同的东西。我们会用另一种理性的方法，但要是有点不理性的成分，就更有希望了。不过，这做起来很难，因为随着问题变得越来越困难，每个人都想要"理性"。

对不一致的洞察力

你有没有遇到过客户跺着脚涨红着脸尖叫"要理智！"的情况？这种对理性的非理性要求确实会让我有点畏于提出新颖的建议，但这也提醒我，我可能忽略了问题中的情感因素。

我咨询生涯的一大转折点，就是世界上伟大的顾问之一南希·布朗观察过我和客户的工作情况。我刚刚对客户的问题做出了一番绝妙的理性分析，不过总觉得它整个都不对劲。休息的时候，我问南希我漏了什么，她平静地说："有时候语言让我毫无头绪，我就去听听音乐。"我不是很明白她到底什么意思，不过我决定在休息之后试试看。

客户告诉我，他和同事的关系是个大问题，但他的语调和姿势都很放松。当把话语和"音乐"加以比较的时候，我发现他说的话完全不靠谱。反过来，当我的问题涉及他和老板的关系的时候，他开始如坐针毡，语气也变得紧张。我把这个音乐作为线索，很快发现了一个被我完全忽视的领域，我先前被他的话误导了，他实际表达的是"别在这儿浪费时间了"。这最后让我对问题有了全新的定义，也得出了几个新的解决方法。

在这些情况中，缺乏的就是使用的语言和表达的情感之间的**一致性**。自从吸取了这次教训之后，多年以来，我发现感知不一致的能力是顾问最强有力的找出"缺了什么"的工具。我把这称为对不一致的洞察力：

语言和音乐不搭配的时候就指出了一个缺漏。

找出这个缺漏的最有效方法就是说出这个不一致，然后等客户做出反应。我只是对客户说："我发现你谈到和老板的良好关系时手在抖啊。"我都没有解释这个不一致，只是提出来，让他注意到。他呆住了一会儿，看看自己的手，似乎是要确认一下我说的话。然后他敞开心扉，告诉我他实在太怕老板了，不敢对任何人提起，就怕遭到报复。

布朗的天才遗产

南希还跟我说，听听音乐不仅适用于客户。她指出我当初向她求助的原因，就在于我"感觉"到了我的分析哪里出了问题。这些分析也是音乐的一部分——也许是最重要的部分。你从客户那里听到的"音乐"，无非是内心的情感状态通过外部的声音体现出来——当然，内心是你无法直接了解的。

但你可以直接了解自己的情感状态，而且你自己的情感状态还对客户的音乐挺敏感。当你感到内心有什么强烈的感觉时，请"抓住"它，然后倾听客户的音乐，努力找出它的根源。或者，直接和客户说说。很多时候，我发现我开始对客户描述的某些事件怒不可遏，哪怕客户的谈话实际上十分平淡。当我提到故事中有些东西似乎让我愤怒时，客户往往就能卸下情感的伪装，告诉我这事情让他们多么生气。

这种办法对于找出漏了什么东西实在太有效了，我给它起了个名字。为了纪念南希·布朗的慷慨馈赠，我把它称作"布朗的天才遗产"：

语言经常很有用，但听听音乐总有好处，特别是你自己内心的音乐。

这样就是一个完整的循环，最后是要了解自己，而这正是所有好的咨询工作的出发点。能够看到自己缺少了什么，是避免让自己显得比实际更可笑的唯一途径。

第 6 章

避免陷阱

> 以为灾难不可能发生往往会
> 导致不可想象的灾难。
>
> ——泰坦尼克效应

还是个毛头小子的时候，我以为自己能写出伟大的美国小说 [1]，解开斯芬克斯之谜，一跃飞过高楼大厦。随着年龄的增长，我明白这些事我做不到。所以我当了个顾问，告诉别人如何做到这些。我想我曾以为，顾问是人类之中绝无仅有的能把某些事情做到完美的人。

一点一点地，我降低了我的标准。现在，在我的个人生活里，要是我能写出伟大的美国句子，解开怎么吃薯条才不会把番茄酱吃到衣服上之谜，以及跨过雪堆而不摔倒，我会很高兴。在咨询工作中，能远离麻烦我就谢天谢地了。

远离麻烦

我现在知道有些麻烦是没法避免的，比如一颗卫星决定砸穿你的屋顶、砸坏你的电视机，但我大多数的麻烦源自一处：我自己。这就是我把伯登法则（把失败变成特色）熟记于心的原因。即便如此，用伯登法则也可能会穿帮，或者把我累死，所以我也研究了远离麻烦的艺术。

顾问会自然而然地渴望改变世界，我保证在后面的章节里会告诉你到底该怎么做。但在尝试一跃飞过高楼之前，你应该对如何让客户远离麻烦以及如何让自己远离麻烦有所了解。

---

[1] 伟大的美国小说（Great American Novel）是指在艺术水平和内容上都堪称美国时代精神代表的作品。如《白鲸》《哈克历险记》《了不起的盖茨比》等都曾被视为伟大的美国小说。——译者注

定律、规则和规令

神秘的圣诞礼物

当收到北部天然气公司的免费礼品时，我就知道圣诞节快到了。他们上一年寄来的礼包里面有一张挂历，上面印着黑乎乎的《密苏里露营，1834》的画。今年是《陪审团》，描绘的是一位倒下的印第安斗士被一群水牛包围了。

画虽然不同，但总是有一张挂历。还总是有一支圆珠笔、一个夜光的钥匙链，还有其他的东西。

去年有块软磁铁，丹妮用它把菜谱吸在了冰箱上。今年有个塑料雨量计。我知道雨量计比软磁铁更贵，但我已经有一个雨量计了。丹妮有几百张菜谱，但一次只会下一场雨。

我想过给北部天然气公司写信抱怨，但我不想显得不领情。毕竟我根本不知道为什么自己会乔列人家寄送圣诞礼物的名单，我连张名片也没给他们寄过。

我把这个问题告诉丹妮，以为既然是她在用磁铁，她会去写这封信。"这都七年了，"她说，"难道你不觉得，你现在应该搞清楚他们为什么要给我们送礼物了吗？"

"这本身就是一个问题啊。如果他们告诉我，他们搞错了，我得退回礼物怎么办？我已经用完了三根圆珠笔，当初卖掉你的车的时候还送掉了一个钥匙圈。"

"你一点线索都没有吗？"

"什么线索？"

"礼包中连封信都没有吗？"

"嗯，有，我想有吧。你不会觉得那个可以解释这一切吧？"

"不是你经常告诉我'有问题就看说明'吗？"

我没有回答这个无法回答的问题，而是溜出去找回了那封皱巴巴的信。它开篇先致以惯常的节日问候，随后，北方天然气公司热情地感谢我们允许他们的天然气主管道从我们的房子下面穿过。然后，他们表示希望我们接受这些小小的谢意。

"多周到啊，"我对自己说，"但我几乎没法让他们把天然气管道给拆了，他们到底为什么对我的善意如此在意呢？在商言商，至少对这种大公司是这样。这里面肯定还有别的原因。"

然后，我注意到了一个句子，说如果我恰好考虑在他们的管道附近开掘，可以给他们打个电话。这句话的措辞如此婉转，我第一次看的时候都没注意到。显然，他们不希望我因为在房子北边 60 米处有一个潜在的天然气灾难而恐慌，但确实希望我在用铲子或推土机向北推进的时候能够想到他们。

当然，如果我拥有一条天然气管道，我整夜都会做管道沿线的农民浩浩荡荡地手持锋利的铲子、驾驶着巨型拖拉机的噩梦。

怎么能提醒别人想到天然气呢？寄封信？不太行吧！信件通常会几百封几百封地被塞进废纸篓的。

20 世纪 40 年代的时候，如果开车到美国中西部，随处可见一个标准的红色霓虹灯标志：

在这里吃饭、加油

这些标志几十年前就消失了，但直到今天，就算离大平原八万千米，我只要看见一个挂着红色霓虹灯招牌的餐厅，就会想到"加油"。你可能会说它触发了我的思绪。

提示

如果我拥有一条管道，我会不惜重金组建最好的专家队伍。我想对这一大群专家提出一个问题：我们怎样才能提醒农民在每次开掘之前都想到天然气呢？

所以，北方天然气公司随信寄来了一些提示物，每件东西上面都有他们的电话号码，这样在最关键的那天就容易看到。最后，我明白了该公司寄礼物的原因。

· 日历，让你圈出日期并写上："今天北四十号挖坑。"
· 圆珠笔，画出挖掘地图。
· 磁铁，让你把地图吸在冰箱门上。
· 雨量计，显示今天地面是不是太湿不适合挖掘。
· 钥匙链，配上推土机的钥匙，它那铲子挥一下就可能让北方天然气公司花上一百万美元。

我发现丹妮正在冰箱上重新排列菜谱。我告诉她我已经知道了礼物的由来，但我不了解他们到底有多大的担忧。"当然，管道沿线的每一个农民都知道那里有条管道啊，在那附近挖掘很危险。"

"他们当然知道。就像你知道要想了解礼包里有什么，就应该去读随附的信一样。要是人们只做他们知道应该去做的事，那么汽车也用不着保险杠了。"①

主管道格言

不管我把这种提示物叫作定律、规则、规令还是原则，道理都是一样的。它们是一些朗朗上口的短语，在你正准备做一些你知道不该做的事情的时候，会突然出现在你的脑海里。②

比如，这条在北方天然气公司的圣诞礼包中发现的定律，我就把它叫作"主管道格言"，这个"主管道"一语双关：

你不知道的东西可能不会伤到你，但你记不得的东西肯定会。

这个双关不管是对总燃气管、总水管还是电力干线都适用，这应该会让你当地的公共事业公司感到高兴。但到了下个圣诞节，当你不看说明书就开始给小朋友组装自行车的时候，或是下一次拜访最重要的客户的时候，我怎么才能让它浮现在你的脑海中呢？

---

① 这就是我写这本关于定律、规则和规令的书的原因。它们就像北方天然气公司的钥匙链一样。它们放上了提示物，都是关于你已经知道的东西，那些你在开推土机的时候可能忘记了的东西。

② 我设计这些名字是为了帮助你记住这些提示物，不管是通过双关、头韵还是别的什么手段，比如布朗的天才遗产（Brown's Brilliant Bequest）、鲁迪黄萝卜理论（Rudy's Rutabaga Rule）或伯丁追溯原理（Boulding's Backward Basis）。重要的是能够在你需要这个想法的时刻启发你，而不是让你把所有的规则、遗产、定理、原则分门别类地列出来。最重要的法则就是你现在需要的那条，而不是我起名字的时候觉得最重要的那条。

设置提示的艺术

作为顾问，你需要既能把提示放进自己的脑子里，也能把它放进客户的脑子里。你能提供的影响最深远的服务，就是帮助人们远离他们早已知晓的麻烦。

薯片原理

把提示植入大脑的想法吓到你了吗？估计会。你要是像我一样，你的脑子里恐怕已经有几个你宁愿没有的东西了。

我知道我的阁楼该好好清理了，但要是说到清理脑子，我总是有点害怕。要是我不那么害怕心理学家在我脑袋里发现点什么，我也会想要他们的帮助。首先，我一直有吃薯片的冲动。[①]

但这还不是最糟糕的。我还是个阅读狂。我已经不记得自己还不会阅读的时候是什么样子了，从学会阅读开始，我就看到什么读什么。我能记得的最早的信息是从薯片盒子上看来的。

你可能会想，半个世纪之后，我应该已经了解了关于薯片的一切了吧？但我发现我老毛病又犯了。

> **保证** 本品以最高的质量标准生产。万一本品不新鲜或不佳，请整包退回，以便更换。请用**正楷**书写您的姓名和地址并告知退货原因。

---

① 我后来了解到自己对土豆过敏。真是活该。

这条信息用微小的字体印在盒子窄边的底部。难道他们不希望我注意到它吗？没关系。对于阅读狂和薯片狂来说，写在薯片盒、薯片袋或薯片罐上任何地方的任何东西都能引起注意。这就说明了薯片原理：

如果你了解你的受众，就很容易设置提示。

当然，这不一定是薯片。不管是微小还是明显，印刷材料对我来说都是一样的。我的夜光钥匙圈上的文字是：

> 北方天然气公司
>
> 挖掘或爆破前给我们打电话！

这玩意儿够晦气的了，还会在黑暗中发光。它肯定能提醒我，但对你来说有效吗？当你在午夜正要打开爆破锁的时候，你会注意到这光芒吗？还是当听到管道爆炸的一声巨响时你才会想起？

一句话笑话

对于心智正常的人来说，严肃的书面提示远没有大声讲出来的笑话有效。美国幽默大师威尔·罗杰斯特别会说令人难忘的一句话笑话。说实话，不管什么时候，一想起威尔·罗杰斯，我就会想起那句：

> "我从没见过我不喜欢的人。"

这让我想起 1974 年在旧金山 Gumps 家具店的男厕所墙上看到的那一句：

"威尔·罗杰斯从来没有见过理查德·尼克松。"

大多数情况下，阅读狂很快就会忘记自己读过的内容，但是一句话的笑话会印在脑子里。这让我意识到我已经老了。我年轻那会儿还没有理查德·尼克松可供消遣。那时候也没有关于理查德·尼克松的笑话，倒是有关于阿道夫·希特勒的笑话，换做我们会写成：

"威尔·罗杰斯从来没有见过希特勒。"

我记得看过一个关于希特勒在地堡中的最后的日子的笑话。

各个前线传来的消息都糟透了。苏联人已经到达柏林。美国人已经渡过了莱茵河，要抢在苏联人之前进入德国。面对这些可怕的消息，希特勒对着属下咆哮："我受够了！忍无可忍，毋须再忍！从现在起，我可不要再当好人了！"

类似于这种内容就可以很好地提示我们一些重要的东西。就在刚刚，我还担心威尔·罗杰斯可能是对的。难道第二次世界大战真的是一次误会造成的吗？"可怜"的阿道夫真是个被我们所有人误解的老实人吗？

泰坦尼克效应

当一个国家的领导人脱离了公众现实的时候，总会惹出麻烦，并且领导人的权力会使麻烦加剧。不过这并不是灾难的根源。让我再次引用威尔·罗杰斯的话：

> "我们不知道的东西不会带来麻烦，但我们知道不会带来麻烦的事会。"

我觉得罗杰斯说到点子上了。我对希特勒不熟，但尼克松当初要是不那么自信，可能也就挺过那场风暴了[①]。问问那些觉得拿到了四张 A 就无敌了的牌手就知道了。

你不会因为拿了一手坏牌而输光所有钱，但会因为一手"绝对输不了"的牌而输光。"泰坦尼克号"的主人"知道"他们的船是不会沉的。他们不会把时间浪费在绕开冰山上，或把钱浪费在不必要的救生艇上。

这种态度可能是毁灭性的，正如泰坦尼克效应所表达的那样：

以为灾难不可能发生，往往会导致不可想象的灾难。

当你知道有些东西"不是那么回事"的时候，麻烦就开始了。因为你如此强烈地相信自己，认为自己的行为不可能出错，结果事情就变得更糟了。因为你如此相信自己，所以小小的错误也可能会变成巨大的悲剧。

---

① 1974 年 8 月，尼克松在"水门事件"曝光之后，授权别人非法闯入民主党在水门饭店的总部，并以总统行政特权下令掩盖事件真相，后因此被迫宣布辞职。——译者注

自然事件的提示

那么我们怎么才能给泰坦尼克效应设置一个提示呢？如果北方天然气公司的经理不想让我炸掉他们的管道，他们就没必要告诉我管道到底是从房子底下的哪个位置穿过去的。他们只需埋下一颗**不确定性**的种子就行了。如果对管道到底在哪里有哪怕一丝一毫的怀疑，你还会去点燃导火索吗？

在世界上所有民族当中，瑞士人似乎在避免泰坦尼克式的灾难方面拥有最好的现代纪录。谁能想出一个瑞士的希特勒，甚至瑞士的尼克松呢？

有人会说，著名的瑞士式民主是他们远离麻烦的主要原因。瑞士大多数人甚至不知道他们的总统是谁，所以就算总统恰好有点过于自信也不打紧。

但作为在瑞士居住多年的阅读狂和薯片咀嚼狂，我觉得我有个更好的答案：瑞士针对泰坦尼克效应有一个秘密提示。

瑞士有个薯片公司，有一支庞大的红黄两色小卡车车队在街头疾驰。不管在哪个瑞士城市，走不了一个街区就会有 Zweifel 卡车从你身边呼啸而过。如果你碰巧是一个阅读狂，这就是你需要的所有提示了，Zweifel 在德语里的意思是"怀疑"。

但是，如果不是阅读狂，或者不是幸运地住在阿彭策尔或苏黎世，那 Zweifel 对你有什么好处呢？你还需要别的东西，一种像 Zweifel 卡车一样随处可见的东西，让你对自己肯定的东西产生一点健康的怀疑。

打扑克的时候，你可能会在马提尼酒杯中的小冰山叮当作响时想起泰坦尼克号。对我来说，每次我遇见不喜欢的客户时就会想起威尔·罗杰斯。然后威尔就会提醒我，我对这个人的了解可能并不准确。

打造自己的警钟系统

现在大家应该都看得很清楚了，我的烦恼不是来自天上卫星的掉落，而是源于脑细胞的凋零，我自己的脑细胞。主管道格言告诫我：

你不知道的东西可能不会伤到你，但你记不得的东西肯定会。

当我对自己嘟囔"你这个榆木脑袋！你本不该出错的！"的时候，我就知道我遇到这种问题了。泰坦尼克效应告诫我：

以为灾难不可能发生，往往会导致不可想象的灾难。

我意识到泰坦尼克效应，通常要么是通过泰坦尼克号般的灾难，要么是在像下面这样默默咒骂自己时："你这个猪脑子！你就不能承认自己可能错了吗？"

知道了这些问题，我想要做点什么，可白面包警告又让我警惕起来：

如果你用同样的做法，就会得到同样的面包。

所以我需要新的招数。我已经很会避开主管道格言的麻烦了，但还需要一套系统性的方法，在我将要犯不该犯的错误时提醒我。

我知道缺了什么，那应该到哪里去寻找想法呢？我试图思考这个问题，但电话响个不停。在第三次被打断——有人拨错号——之后，我大声对自己骂道："为什么我就不能无视这该死的铃声呢？！"丹妮走进来的时候，我坐在空白的屏幕前，脑子里一片空白。

"你哼哼啥呢？"她问道。

"哼哼？我在哼哼吗？"

"我觉得你是在哼《圣玛丽教堂的钟声》。"

"啊哈！"我喊道，"是啊！钟声！"

"你在胡说些什么啊？"

"铃声。电话公司把铃声设计得如此巧妙，不管我在做什么，都没法无视它。要是没有这个功能，电话系统也不会这么成功了。"

"所以呢？"

"所以我需要我自己的警钟系统。"这也就是本章的主题：如何建立你自己的警钟系统，这些提示让你根本无法无视。[1]

便条

就像最初的贝尔系统公司一样，建立个人的警钟系统也是需要点滴积累的。有时候，旧设备会阻碍进步。就拿餐馆的问题来说吧，有些人不喜欢在餐馆吃饭，但我没有这个问题，我的问题是在餐馆暴饮暴食。每次踏上咨询行程的时候，我总是特别担心自己做得不够好，以至于一有机会我就用食物把自己填满。然后我又为暴饮暴食感到很难过，于是整个旅途都在猛吃，就是为了让自己感觉好点。

我把这个问题的根源追溯到母亲在我四岁的时候"种下"的一个提示："要是你觉得不舒服，就吃点东西！"经过 45 年的积食不化，我彻底明白化悲痛为饭量是行不通的。正如主管道格言所说，我忘了正是它造成了我的消化不良。

---

[1] 自本书第一次印刷之后，"不朽"的"钟"——贝尔系统公司已经在美国消失。这里面应该有一些教训。想想吧。

然而不消化还不是最糟糕的。旅行结束很久之后，我就忘记这个问题了，消化不良也有所好转了，但那些丑陋的肥肉甩之不去。为了把它们甩掉，我读了几十本减肥书，当然并不是因为看书比跑步消耗的热量更多。看这些书让我觉得良心甚慰，因为每本书都满是煌煌高论。不幸的是，每次一出差、一激动，我就又把它们全忘了。

有一本书建议我在下次狼吞虎咽的时候，想到下面这些东西。

1. 记住，一次失足并不意味着次次失足。

2. 抵制消极的想法。

3. 问问自己出了什么事，然后计划下一次的战略。

4. 立即恢复有节制的饮食。

5. 和支持你的人交谈。

6. 记住，你在做出贯穿一生的改变。你不是在节食。看看自己已经取得的进展，坚持下去。

我认为这些思想肯定是对的，因为我至少在其他三本书里见过同样的内容，虽然我永远都没法在恰当的时候想起它们。我看减肥书的时候并不需要这些想法，但在餐馆吃饭的时候就需要了。

我应用了主管道格言，把这六条忠告打印在一张名片背面，塞在了钱包里的美国运通卡后面。因为旅行的时候从来不用现金付账，所以我肯定会在刚好正确的时刻——刚把自己塞得像一只填鸭的时候——看到这张卡。

这管用吗？管用，大多数时候管用。现在，我出差一两个礼拜回来，只会长一两磅，不像以前要长五到十磅。这样我就有余地偶尔放纵一下，在家把自己填满了。不幸的是，丹妮不接受美国运通卡。

如果你可以把便条贴到和你想要控制的行为相关的东西上去，那么给自己弄个便条就是个很好的提示。我最近拿到了一个幸运签饼①，里面写着"抑制改变计划的冲动"。这对我是个很好的建议，但比起在中餐馆吃饭的时候，我在接受客户的晚宴邀请时更需要它。于是我把纸条别在了会议日历上，这就给了我一个避免巨大麻烦的机会。

记录卡

你自己抽烟很多，或者知道有谁抽烟很多吗？作为一个业余戒烟顾问，我已经成功地帮助数十人减少了每日吸烟量，而我的做法仅仅是让他们在拿起香烟时做个记录。这些人喜欢吸烟，不想戒烟，因此他们需要在不自觉地拿起香烟时有一个提示。我一般建议他们弄一个特殊的烟盒，里面可以放一张记录卡来写下吸烟的次数。在坚持记录一个礼拜之后，他们成功减少了吸烟的数量。后来他们还把提示做在了烟盒上，这样就不用手动去记了。

我们在很多其他的习惯性问题上都使用了类似的记录卡。要改变打断他人的习惯，我建议客户记录每次打断的时间以及他们打断的人。为了纠正把时间浪费在电话上的倾向，我让他们记录和其通话的人员以及通话的开始和结束时间。在这些例子中，我们只是收集信息，并没有要求对习惯做出任何改变。有些人发现，这些习惯并不像他们担心的那么糟糕：他们的问题并不是习惯本身，而是对习惯的感觉。

---

① 在美国中餐馆吃饭，结账的时候餐馆必会附送若干夹心脆饼干，掰开后可以看见里面是一张有字的纸条，上面有若干箴言或预言以及汉字知识之类。——译者注

物理设备

我不是唯一需要提示的老饕。我的朋友希德买了个自行车的链锁来锁住冰箱门。这个设备并不是为了防止他去拿冰淇淋，因为真的需要开冰箱门的话，他只需要上楼拿钥匙。但走到半路，他有时候就想起那两次心脏病发作的经历了。

不过，让这些提示物尽可能保持私密可能是个好主意。其他人可能会认为主管道格言并不适用于自己，并因此取笑你。每次有客人来，希德都觉得这把链锁有点尴尬，最后他把链锁换成了一个电子装置，每次打开冰箱门的时候它都会说："你好，死胖子！"不幸的是，喇叭远没有链锁有效。这又是为啥呢？

一个原因是提示来得太晚了，因为希德一旦看到了食物，再去做思想斗争就更困难了。要让提示来得有效，时机必须完美：太晚意味着你已经做了有问题的动作，而太早则意味着你没准阴错阳差又给忘了。①

他人

让他人提示我们是个诱人的想法，不过这种做法比较危险。我有时候会让别人提醒我一些事情，可我真正想要的是在我没有做该做的事情时有个人可指责。我最后终于学会了把自己这种指责别人的想法作为提示，提醒自己这真的是我的问题，而不是别人的问题。顾问应

---

① 另一个原因可能是叫希德"死胖子"有贬损意味，实际上任何提示都可以。"嘿嘿，你又来了！"就挺合适的。

该在客户开始指责自己时牢记这一点。你也许愿意成为拿着高薪的替罪羊，但你至少应该头脑清醒地做出选择。

利用他人的另一个问题在于，人往往会触发很多相关的东西。希德告诉我，冰箱发出的男声让他想起了他的父亲。当他是个小胖子的时候，他父亲试图通过嘲笑和恐吓阻止他吃东西。和大多数青少年一样，希德学会了抵御嘲笑和恐吓，所以这个提示事与愿违。它没有让他想到心脏病，而是让他想到抵御嘲笑和恐吓。他又多吃了一个零食，向那个声音宣示：没人能够左右希德。

信号

不要求别人提示我们是个挺好的原则，除非这些人自愿担当此职，并且清楚地知道自己到底做的是个什么差事。为了避免"虐待"这些志愿者，你必须了解自己的情绪反应。我已经发现，我用手势做回应比说话好多了。作为顾问，我花了大量的时间使会议进行下去。当我说话太快、太多、太大声，把整个会议变成了一言堂时，用手势来提示我该闭嘴了特别有效；反之，语言的信号只会使情势恶化，让我害怕别人试图通过说话又快又多又大声来夺走控制权。

我与客户和学生都做了约定，要是我讲得太忘我了，就给我个手势。不过我面对最多的人是丹妮，而她拒绝使用手势。虽然手势既能阻止我又不会让我感到愤怒，丹妮却对其很反感。她觉得手势是家长"统治"孩子的象征，这和我对于口头打断的感觉一样。我觉得手势是裁判用的，因为隔着吵闹的人群，说话根本听不见，手势只是比赛中很正常的一部分。不过在开车的时候，我会接受语言信号，因为我明白手势会分散我看路的注意力。这就是不讲理的道理。

相互提示的约定

同行之间，提示的约定可能并不需要明说。"我做的时候你提示我，你做的时候我提示你。"但这必须是相互和对等的。

计算机程序员对处理灾难有相当丰富的经验，但要是外人提醒他们要撞上冰山了，他们可不大乐意。因此他们简直就是为泰坦尼克效应量身定制的。不过我通过提示程序员绕开冰山已经挣了不少咨询费。我之所以成功，是因为程序员觉得我是他们中的一员。每当听到程序员说"哪里可能出问题呢？"，一般我只要重复一遍这个问题，就能拉响一个有效的冰山警报。

我还可以教几组程序员互相拉响冰山警报。我给了他们一个写着"哪里可能出问题呢？"的按钮，还让他们传递一个"月度大错"奖杯。我教给他们"三的法则"。你可以用这些提示来帮助任何类型的客户克服泰坦尼克效应，但只有你们都在同一条船上的时候，提示才有效。

有意思的是，要是你们**完完全全**在一条船上，相互提示就又不管用了。如果食物恰好同时符合所有成员的口味，负责监督体重的人自己也会埋头狂吃。所有成员都需要同样的提示，却要错开时间。所以，如果你的整个客户组织都舒舒服服地在一个泰坦尼克般的旅程上漫无目地前行，就需要一个外人大喊"冰山！"，当然，你的客户会对这个外人说："你对远洋客轮都知道点啥？嗯？"

利用你的潜意识

歌唱家

成功的体重控制项目就是一个用提示来注意白面包警告的例子。尽管"体重监督者"这名字挺吸引人，但光监督体重可不会让你轻上一两。站上体重秤或照镜子都消耗不了一卡路里的热量。真正有效的是监督增重食谱。在我还小的时候，我妈就是按祖传增肥秘方为我"设定"饮食习惯的。这对她们家每个人都效果显著，当然，对我也一样。

我满脑子都是我老妈的家传秘方。比方说，有一本书的标题是"如何培养叛逆的少年"。这秘方一直在我大脑中蛰伏着，直到我儿子克里斯长到了这个讨人嫌的年龄。他的英语老师给了我一张字条，痛陈他的行为。看这个字条的时候，我发现我怒火中烧，我正酝酿着惩罚他的计划。这可是个大补的方子，我津津有味地品味着我的计划。

我知道我在品味自己的计划，是因为每次我吃美了之后都会哼歌。我平时注意力全在真实的食物上，没空注意自己哼的是什么调。但现在这个食物只是虚构的，所以我注意到了。我一点也不记得我从哪儿学了这首怀旧金曲，不过它唱的是"大战当前，妈妈，我想得最多的是你"———个完美的白面包警告。我正要开始与儿子的战斗，我会把我老妈毫不吝啬地传给我的叛逆处方再代代传下去。

自那时起，我更熟悉脑子里那个在需要提示时就开始哼歌的区域了。就像前文说的《圣玛丽教堂的钟声》一样。或者就像昨天，丹妮计划着回纽约一趟。她已经十几年没回老家了，照她平时的做法，她会写一个单子，列出所有必须要打电话的人。晚饭的时候，她让我看看有没有漏的，但我一个人也想不出来。后来到了洗碗的时候，我发现自己不经意间哼着弗洛托的歌剧《玛莎》的主题曲。要是几年前，我会把它当作无关紧要的哼歌，但现在我知道我要注意脑子里冒出来的一切东西。当我开始意识到自己在哼这首歌时，我突然想到丹妮的名单上竟然漏掉了我们的好朋友玛莎。

潜意识的局限

潜意识不是一个精确的分析的心理机制，所以潜意识的提示并非万无一失。在新西兰米尔福德步道的第三天，天降瓢泼大雨，水积了 12 厘米深，我一瘸一拐地拖着酸痛的膝盖前行，却发现自己在哼着《扬基歌》。为什么呢？起初我以为自己仅仅是想家了。我知道在我想出正确的意义的时候就不会再哼歌了，但光解释为想家不起作用。哼了两个小时《扬基歌》后我都快疯了，然后我就试着想想歌词。"扬基来到城里，骑着一匹小马。"啊哈！我那愚蠢的歌唱家告诉我，可以弄一匹马来结束这个要命的跋涉（要不是身处一个人迹罕至的荒野，我得说这意见棒极了）！

不过我得为我的歌唱家说两句：他能够学习，能够记住我很快就忘掉的东西。上周暴风雪的时候我们家停电了，我不得不冒着严寒去修发电机。在套上层层衣服的时候，我发现自己哼着连裤袜的广告歌："没有什么比一双乐格连裤袜更好的了。"在米尔福德我的膝盖不行了，正是因为穿着短裤穿过山口前我根本没有热身。我本来知道，可后来忘了。这次我的歌唱家提醒我了：虽然没有连裤袜，可我有秋裤啊！穿上秋裤后我确实暖和了，而且膝盖也没出问题。

看看你的头脑深处

在歌曲广告出现之前的很多年，宗教领袖就已经了解了用令人难忘的形式散播消息的技巧。在《圣经》以及其他伟大的宗教作品中，你会找到歌曲、诗、寓言、悖论、检查单、类比、警句等。其中有些千百年来已经影响了数以百万计的人。要是你想建立自己的警钟系统，这些可能值得研究研究。

我的一些学生似乎对发展自己潜意识的可能性半信半疑。一个学生若有所思地说："你的潜意识非常丰富，可我感觉我好像没有，而且我从来没见过谁有。"当然，要是你确实没有潜意识，发展它就完全是在浪费时间。但研究表明，所有人都有潜意识，但它往往是隐藏起来的，除非你练习寻找它。你的潜意识的外显方式可能不是像我一样唱歌，也许是通过口误、手势、一句话笑话、双关语、流行语、脑海中闪现的画面、身体姿势、莫名地注意物体、看错人或以上几种现象的组合来体现的。

现代心理学对这种多样性的解释是，大脑有多个功能区域。不同的学派对于这些功能区域的具体内容和组织方式有不同看法，但大多数人同意我们会受到所有功能区域的影响：左脑、右脑、意识、前意识、潜意识等。心理学家正在寻找一个符合逻辑的答案，但任何能记住"大战当前，妈妈"的大脑都没法完全用逻辑来解释。我有点不好意思承认我的思维如此没有逻辑，但我只有这样的思维，它就是这样的。

　　此外，如果乐格连裤袜公司把上百万美元的广告费花在巧妙的词句和上口的曲调上，我也就算不上有多么与众不同了。所以，不要害怕发展你的潜意识。如果你的朋友们笑话你，就让它来提醒你，任何声称自己头脑完全合乎逻辑的人一定是疯了。

第 7 章

扩大你的影响

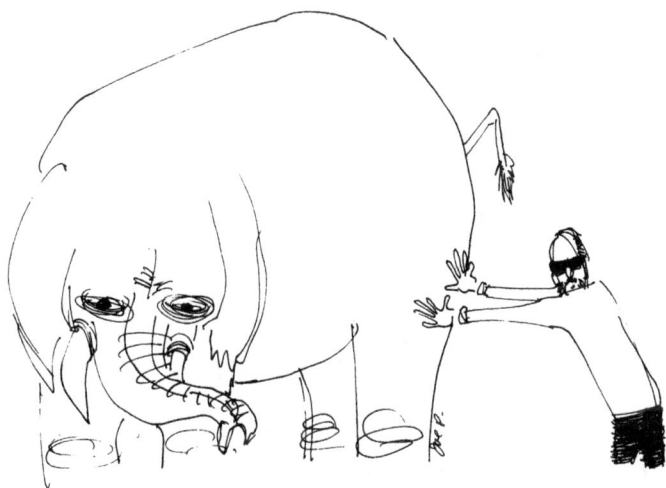

66 每个人都看到了整体的一部分，
并用那一部分来认知整体。 99

——教导盲人

在我的一次工作坊上，卡玛告诉我，有一天她坐在自己的隔间里，看一本叫作《主管求生工具箱》(*The Supervisor's Survival Kit*)的书。正巧她的一位上级同事进来。他看见了书的标题，说："你不应该看这种书啊！"

"为啥呢？"她问道。

"因为你不是主管。"

卡玛跟人斗嘴从来没输过，她笑了一下，泰然回答道："哦，你想让我等到为时已晚才去看书吗？就像它们对你一样？"

顾问的求生工具箱

虽然我这本书表面上是写给顾问的，但我真心希望其他人不要等到最后一刻才去读它。即使咨询只是你遥远的未来中一种渺茫的可能，我也希望你读读这本书。即使完全没有这种可能，也就是说你根本就不是顾问，你也可能会遇到和顾问合作的时候，这也是读这本书的一个很好的理由。

想想吧，主管的求生工具箱应该对被管理的人更有用。任何优秀的主管看到下属学习有关管理的问题都应当十分高兴。主管不被人认可，是因为大多数下属对主管真正在干啥一点概念也没有。他们看到的只是回报——高工资、高档家具、手握的权力，但如果主管的工作做得好，他的大部分工作本身根本不为人所见，对顾问来说也是这样。很多顾问对我能够出国旅行、出入豪华酒店和高档餐厅以及让他们的薪水相形见绌的收费羡慕不已。他们没有看到颠倒的时差、在陌生的床上辗转反侧、暴饮暴食导致的消化不良，或必须从我的收费中减掉的开销和没人付钱的日子。最重要的是，即使他们和我一起工作，他们也没真正看到我是做什么的。

走在客户前面

还是在卡玛讲了她的故事的这次工作坊上，拉里讲的下面的故事解释了为什么我的客户没有看到我在做什么。

> 齐克和卢克又去猎熊了。他们喝着啤酒小憩的时候，一只熊忽然从灌木丛中窜出，向他们直冲过来。齐克和卢克开始逃跑，但熊很快追了上来。"我觉得我们跑不过熊啊。"齐克气喘吁吁地说。"不要紧，"卢克跑到齐克前面，回头喊道，"我又不用跑过熊。""为什么不用啊？""我只要跑过你就行了。"

和卢克一样，我只要跑得比客户快就行了。当然，这一点也不总是很容易做到的。他们每天八小时做自己的工作，可我一年才来几天。要是说到他们的日常工作，我根本不可能和他们相比。和卢克一样，我当顾问的成功也取决于正确的时机，即使是咫尺的优势，也如同天涯。

要想取得成功，我一定要**放大**我的影响。我必须像一个武林高手一样，四两拨千斤。如果成功了，我的客户会经历变化，但他们可能根本不会注意到我到底做了什么。

晃动卡壳的系统

顾问的形象是相当被动的。顾问收集信息，把它展现给客户组织，也许有效果，也许没有。虽然听起来安全无害，但真的不可能一直聘用顾问而不引起一点点变化。这听起来可能有点吓人，但在许多情况下，小的扰动可能对组织是件好事。

卡壳

随着电子系统变得越来越复杂，它们的表现也越来越像有生命的系统了。例如，许多野生动物在实验室调节状态下不能繁衍，甚至不能存活。第一个雷达系统有点像野生动物：它们可以在战斗条件下工作，到了无菌的实验室环境中反倒不行了。在第二次世界大战之前，没有一种人工系统的复杂度足以表示出这种对嘈杂的环境的依赖，但我们现在知道，任何运行在过度受控和可预见的环境中的大型复杂系统都可能卡壳。

这种卡壳效应也是成功的组织失败的另一个原因。随着组织管理的进步，其日常运作变得如此顺畅，以至于组织中的一部分可能出现"卡壳"，并停止正常运转。这个问题在组织中负责新的、创造性工作的部分尤为突出：研究、开发、培训和编程。

当一项职能卡壳的时候，来自外界的颠簸或晃动可能会有用。对于雷达，问题的解决办法是为机架安上随机运动发生器，打破设备容易卡壳的稳定态。这种发生器称为"晃动器"。

在组织中，诸如火灾等自然灾害往往能够重新振奋人们的精神。

在工人罢工、管理者必须承担运营职能时，有时候也能为组织打上一剂强心针。但组织用不着承担纵火或劳工骚动的风险才能解开卡壳。相反，任何外来的、不可预知的且不具威胁性的人员都可以让组织晃上一晃。

晃动器的作用

在业务的自然运行过程中，一些外部人士会进入企业。新员工可以起到这一作用，新经理也可以。有时，处理一个问题的顾问可能不小心碰到了另一个领域，而组织恰好卡在了这个领域而毫不知情。

近年来，计算机和计算机的销售队伍已经承担起了组织晃动器的职责。当我为 IBM 工作时，我经常扮演这个角色，让客户从和计算机没有任何关系的问题中解脱出来。不过当时我并没有意识到晃动器和计算机销售人员或技术人员的职责是分开的。

后来，在演讲活动中，我发现我会花一个小时做演讲，然后花七个小时听别人告诉我他们的问题。我天生不是一个被动的听众，所以我经常会逗个乐啊，叫一声表示难以置信啊，问些傻问题啊，嘟囔着"听不明白啊"什么的。令我惊讶的是，很多人告诉我说，我的演讲解决了他们的问题。我逐渐认识到，演讲本身没有什么，但会议前后的这些自由开放的讨论却可以解决问题。

多年来，我发现我所做的事情并没有一个公认的名称。最好的名字是"晃动器"，但谁会在脑子清醒的时候为晃动服务付钱呢？这听起来太像杂技演员，或是咯咯傻笑的人，甚至是舞男。因此，在尝试各种办法之后，我仍然使用"顾问"这个公开头衔，虽然我私下里知道我是一个"晃动器"。（我在塔罗牌中的人物是"傻瓜"。）

作为晃动器，我的工作就是找到一个入手点，引起一些变化，最终让系统从卡壳中解脱出来。作为**系统**晃动器，我限定自己只为各级**组织**工作。虽然在努力让大家摆脱卡死点的过程中，我会很自然地和员工以及管理层共事，但我既不是心理医生，也不是私人的知己，虽然这些角色也可以作为晃动器。

因过载而卡壳

也许了解晃动器作用的最好方法就是看几个例子。有个系统程序员抱怨说，应用程序员一直来烦他，搞得他自己的系统工作都没法做了。我陪着这位系统程序员坐了几个小时，观察他所有的工作习惯以及与应用程序员之间的交流。我发现每一个问题都要看一堆转储，也就是机器内存中所有内容的详细打印输出。应用程序员不知道怎么样高效地阅读转储，所以每次一遇到问题就向系统程序员求助。

我在一个层面上晃了他们一下，提出有一些可以格式化转储的工具，这样应用程序员就可以读它们了。系统程序员对这个解决方案很高兴，但我知道，这个问题可能仅仅是一个大的组织卡壳问题的表象而已。因此，我用以下几个问题晃了晃管理层。

1. 是不是有可能，在这个相当庞大的整个组织中，都没有人知道转储格式化这种常用工具的存在？

2. 这么多的应用程序会产生转储不奇怪吗？

3. 培训项目是不是与实际工作非常脱节，根本没教程序员怎么去理解转储？

有了这些问题，我让客户重新从解决问题的组织的角度审视了整个部门。但即使这样，也还不够，对于专业的晃动器来说，总会有下面这么一个问题。

4.这个组织本身会提出其他的问题吗？换句话说，它自己会不会晃？

带着这个问题，我让组织走上了预防问题的道路，这比解决问题又高了一个层次。

卡壳沟通

这儿还有另一个例子。项目经理告诉我，她担心几个组长，他们似乎并没有发现项目面临着大麻烦。不过，在讨论项目进度表的时候，我可以看到他们恐惧的迹象。我要求项目经理让我和五个组长单独待半个小时，然后让每个组长在一张纸上写出对项目时间表的估计。

这个估计给出的是项目将按期完成的概率，匿名书写消除了他们的恐惧。我把纸收回来之后发现，五个估计数中最高的是百分之二十！所有五个人都知道，这个项目麻烦大了，但谁都不敢在经理面前说什么。

使用类似的方法，我得到了在各种未来的日期完成的概率。项目经理回来的时候，也给出了她自己的概率数字。

当组长们看到他们的经理也同样悲观的时候，沟通开始了。组长们承认自己害怕说出真实的想法，因为不知道其他人是否有同样的感觉。最终，项目时间表改成了一个更现实的日期，并采取了措施确保能赶上新的日期，还采取了其他措施确保将来也能坦诚地进行沟通。

我能晃动这个卡壳的沟通系统，是因为如下原因。

1. 我是中立者，不会出卖任何一个人。

2. 我知道一种方法，让人们可以可靠而匿名地讲出自己对时间表的真实感觉。

3. 我拥有促进准确沟通的一般技巧。

4. 我理解沟通系统的工作方式，以及如何在未来避免堵塞。

晃动的时机

很少有人因为我是晃动器而请我。有时我是作为演讲人，有时是要进行检查，其他时候是作为技术问题的顾问。但总有晃上一晃的机会。

一方面，人们并不总能看到真正的问题所在，因此，聘请顾问往往会使系统更加坚定地卡在错误的问题上。软件公司常常会请我教授员工如何以去除错误来提高质量，而不是如何在一开始就避免错误。

另一方面，当你的眼睛和耳朵都开放的时候，你不能保证自己只会观察到与正式的问题相关的东西，你也不能保证只会影响相关的东西。我尽量让客户理解，我的存在很可能会让他们的系统发生晃动。如果他们觉得这种可能性太可怕了，那我的咨询工作可能也没什么效果，这时我通常会拒绝工作。

演讲是晃动的一种形式。一个富有启迪性的讲话可以对卡壳的组织产生奇迹般的效果，但要是会议组织得太正式，晃动就会失败。大多数演讲的环境对于组织来说都是"安全"的——应该是这样子的。管理层的职能就是让所有的事情顺利运行，但要是管理太过成功，在轨道中平稳运行的东西就可能卡在一个车辙上。因此，我尽量找出机会，在演讲之外的地方产生晃动。

相对于被介绍为演讲人和顾问，我更喜欢被称为"外面来的人，大家都可以讨论自己关注的问题"。要是对这个概念管理层实在无法直面，有时我会答应作为"演讲人"前来，前提是和听众有很多自由讨论的机会。我有时也会作为"顾问"，但前提是要避免自己太像管理的工具，因为这可能会毁了我作为晃动器的作用。

晃动定律

第 2 章中提到的"第三次魔咒"说的是，我可能最终会太接近组织思考和解决问题的典型模式，要是这样，我作为晃动器的效果可能会减弱。在这种情况下，就得让我的私人晃动器帮忙了。要是你想晃晃别人，先体验一下晃晃自己是很重要的，原因有二：首先，你自己可以不再卡壳；第二，你也知道这感觉如何。

因为我自己已经晃过很多次了，所以对于怎么晃最有效果还是有一些体会的。多年以来，我开始相信，晃动的有效性是由一个简单的定律决定的：

少即是多。

这就是晃动定律，有时也称为"干预第一定律"。

在大多数情况下，所需的晃动只是要让客户看世界的方式发生那么一丁点儿变化。但在卡壳的系统中，怎样才能做出这样的改变呢？

教导盲人

大象

我们都很熟悉盲人摸象的故事。根据各人摸到的部分，每个人都有不同的看法。大象像一棵树、一条蛇、一根绳子、一座房子、一个毯子或一杆枪，没有人能够把握全局。这个寓言让我想起了客户对自己组织的意见。每个人都看到了整体的一部分，并用那一部分来认知整体。我最主要的工作常常是让客户明白还有其他可能的观点。

那我是怎么做的呢？那，你会怎么让盲人认识大象呢？当然，你可以**告诉**他们大象是怎么样的，这也是大多数顾问的做法。光讲也没有错，但在盲人和明眼人的世界之间沟通实在难于上青天。盲人的经验与正常人有天壤之别，哪怕很简单的话对他们也意味着不同的事情。像这种简单的话"那是说明中灰色的区域"，又该让盲人怎么理解呢？

顾问和客户之间也是一样的道理。举例来说，我的大多数客户根本不知道要是没有老板会是什么样子。就算他们说知道，他们的印象也是非常理想化的。反过来，我也曾经有过一份正式工作，但那已经过去太久，我已经不太能体会当大公司的雇员是什么感觉了。

改变认知

在通过文字进行有效的沟通之前，人们必须有共通的经验。我们可以把盲人带到大象周围，让他们轮流触摸各个部分，这样整个组就都可以对大象有所体验。让员工在不同职位和部门间轮岗的公司似乎可以让人拥有更丰富的视角。在进行咨询时，我一般会先把整个组织转一遍，有可能的话，还会让一个部门的人陪我去下一个部门。反馈来的信息常常是，偶然拜访另一个部门是我整个行程中最重要的部分。

我还可以通过多方会议达到类似的效果。从表面上看，把两组或多组人拉到一起是在"节省我的时间"，因为他们是按小时付费的。但实际上这是一种让他们多方面体验组织的方式。一旦我把各组成员叫到一个房间里来，这就有点像《圣经》故事里说的，开始的时候是亚当和夏娃在伊甸园里，结局则是启示录。过程中可能有若干血泪事件，但最后的觉醒令所有的奋斗都值得。

大象和组织都太大了，很难整体地体验它。有时，体验一个微缩模型也会有帮助，比如一个雕刻的象或是一个模拟的小型组织。所以我可能会给盲人朋友一头小象或一个新成立的组织来研究。不论是新生的小象还是组织，都很小，成长很快，我们可以体验它们的成熟**过程**，这必然可以更好地用来了解成人。

所有这些方法都很好，但还远远不是把大象教给盲人的最好办法。最好的办法是真正治愈他们的失明。不幸的是，我们很少能治愈视力上的失明，但我可以经常治愈客户感知上的盲点。（如今有一些很有前途的研究正试图为一些人治愈失明。我们只能希望如此，虽然不是每个人都希望"治愈"。似乎感知上的盲点也适用同样的道理。）

虽然我用了很多展示讲解以及模拟直接经验的方法来帮助他们理解，但我自己最喜欢的方法还是打开客户的眼界，教给他们看待事物的新方式。一旦睁开了双眼，哪怕是不再付给我钱之后很长时间，他们也会继续学习关于大象的新东西。

河马

所谓"看待事物的新方式"，当然不一定是用眼睛看的。有一个古老的故事，说有一个国王想要一个把铅变成金子的秘方。他威胁炼金师，如果搞不出这样的秘方，就要将其处死。所以炼金师就给了他一套很复杂的魔法步骤，国王把步骤背下来了，然后问炼金师这方子是不是万无一失。

"绝对没问题，"炼金师回答说，"除非……"

炼金师犹豫了一下，国王追问道："除非什么？"

"哦，这真的不重要。这肯定不会发生。"

"什么肯定不会发生？"

"嗯，这完全没有什么可能的，但有一件事会毁了这个方子。当您执行这些步骤的时候，千万不要想到河马。"

改变意识

通过这个聪明的把戏，炼金师把失败的责任转嫁到了国王头上，救了自己的命。我也会对客户做同样的事，告诉他：

> "不要去注意你的脚踩在地板上！"

你读到这句话的时候，会发生什么呢？在这一刻，你看到纸面上的字，对内部或外部环境的大部分感知被你掐断了；到下一时刻，你的意识改变了，变得无法不去注意到你的脚踩在地板上。你越是努力遵守建议，就越是会违反它。

我在想让客户更有效地使用非语言行为时会用这个方法。我们大多数人都或多或少会对非语言行为视而不见。我谈起它的时候，很多人根本不知道我在说什么，就像一个盲人听说大象是灰色的时候一样茫然。然而，经过几次对自己的非语言行为的直接体验之后，对于非语言行为这个模糊的概念，我的客户就不再觉得那么抽象了。

看到内部行为

我们生活在一个以谈话为主导的文化中，这就是我们往往对一个人的外部行为视而不见的原因。**内部**行为当然就更难看到了。大多数时候我们都"看"不到自己的内部行为，别人的就几乎从来没有直接看到过。然而，通过培训，我们开始能够看到别人内心可能在发生什么，以及它如何**可能**和外部表现完全不同。

我的几乎所有咨询都以某种会议的形式进行。

如果能提高客户的会议效果，我的咨询任务就简单多了，我走了之后，客户也能长期享受咨询带来的好处。"隐藏议程"是我用来训练人们"看到"他人内心的方法之一。我运用了以下技术。

在会议开始前，给每个与会者一张纸，上面写了该次会议上的一个秘密的个人任务，比如下面这些。

- 试着保证把会议上的每个决议都记录下来，并展示给所有的人看。
- 确保每个人都有机会在每一个主题上发言。
- 不要让任何一个人或小团体主导会议。
- 假装你对本次会议毫无准备，试着在整个会议期间向别人隐瞒这一情况。
- 如果可能的话，让会议达成决定 X，而不让自己与这个决定联系起来。

典型的秘密任务描述了人们通常会在会议上做的事情，有些有积极影响，有些有消极影响，还有些影响不大。通过明确扮演角色，这些演员学会"看到"，以前看不见的行为，或对先前看到的行为有了不同的解释。这一新的视角不可避免地会影响一个人将来对会议的理解。

我经常使用的两个秘密是：

- 假装你在这个会议之后马上有另一次会议要参加。你非常想参加那个会议，所以要尽力使本次会议尽快结束。
- 假装你在这个会议之后马上有另一次会议要参加。你非常不想参加那个会议，要是现在这个会议时间太长你就可以逃掉下一个了。所以你要尽力使本次会议拖得更长。

通过把这些秘密分配在同一次会议上，我让所有人都看到了冲突的结局如何。在会议结束时，我贴出了所有的秘密任务，并要求大家猜猜谁领的是哪个任务。屡试不爽的是，被指定"加快会议"的人总会被认为是要"拖延会议"的人！

发生这种奇怪的结果，是因为每次急于开完会议（比如打断讲话者，简化程序，或要求快速投票）都会导致冲突，从而延长了会议。指定延长会议的人发现自己根本什么也不用做：只要把工作留给"加快"的人就行了。通过这一经验，与会者学到了很具体的一课，要加快会议的最好办法就是保持安静。

但更重要的是，参与者改变了自己对于别人在会议上的行为的看法，知道了外在行为往往和内心意图大相径庭。这样，他们对于看到他人的"内心"就迈出了小小的一步。

看到感受

即使你已经学到了一点如何看到他人的想法，也可能仍然不了解他们的感受，或者甚至是你自己的感受。作为顾问，看到感受比看到想法更重要，但很多人就像看不到 X 光一样，对感受浑然不知。

为了让人们更多地与自己交流，我一般会让他们在日记中写下自己的感受。有至少一半的人会眼神茫然，什么都写不出来。他们不知道在"感受"的标题下应该写什么。于是我们给了客户一个词汇表，以帮助他们开始，比如爱、恨、厌恶、爱慕、悲伤、喜悦、遗憾、愤怒、同情、热、冷、舒适、痛苦、紧张、骚动或受挫。我的朋友斯坦·格罗斯开始时会用只有五个感受词的简单列表，英文都是押韵的，即，悲（sad）、苦（bad）、怒（mad）、喜（glad）、惧（scared）。

感受词会让人们更好地看到自己的内心，但对有些人来说这还不够。虽然有几十名参与者告诉我"啥也没感觉到"，但是到头来一般是因为他们对自己的感受视而不见。

通过一点努力，我通常可以找到一些他们能够很好地识别的感觉。一位参与者说他没什么感觉，但有时他有"生理感觉"。这句话在某种程度上更保险，也更有意义，这就为发现感受提供了一个起点。它给了我一点关于如何面对声称没有感觉的人的线索。

我问他们饿吗、渴吗，是热还是冷，他们是否觉得哪里有点疼、有点痒，或有点不舒服。如果他们仍然说什么也没感觉到，我就带他们一项项地讨论自己的身体，从脚趾头往上。如果他们能感受到脚趾在鞋子里太挤了，我们就可以从这里开始。但就算说到头顶了，还是啥也没找到，也仍然难不倒我。我一般都会发现这个人满脸莫名其妙，于是就问："你觉得这一切都特别莫名其妙？"他们通常会急切地回答"是"，于是我就问："你怎么**知道**你觉得莫名其妙呢？"然后他们就发现，自己是通过某种直接经验了解的。这时我就可以指出，现在他们知道一种感觉是什么样了——莫名其妙的感觉。

很多次，找到第一个感觉时会伴随着一声"哦！"，然后更多的感觉就喷涌而出了。这说明并不是人们不理解问题，而是他们对感觉视而不见。一旦看到第一个，他们的眼界就可以自行发展。作为顾问，我可以帮助他们练习，但即使没有我，他们也会逐渐获得一种无法被夺去的感知力。然而如果没有那第一线的光亮，让他们写出自己的感受，就会像让盲人写出大象眼睛的颜色一样困难。

大牛顾问

如果持续放大你的影响，你最终会成为一个大牛顾问。你的咨询风格将反映出对任务日益丰富的理解，并将表现出以下几个特点。

- 你的任务是去影响他人，但只在**他们**要求时才去做。
- 你努力让人们更少地而不是更多地依赖你。
- 你尝试遵守晃动器定律：实际干预越少，工作的感觉就越好。
- 如果客户希望你帮忙解决问题，你能说"不"。
- 如果答应帮他们解决问题但失败了，这也还可以接受。如果你成功了，满意度最低的办法就是你为他们解决问题。
- 更令人满意的办法是，帮助他们解决问题，但让他们更加可能无须帮助而自己解决下一个问题。
- 最令人满意的是，帮助他们了解如何在一开始就预防问题。
- 你可以对你的成就感到满意，即使客户并不把成果归功于你。
- 理想的影响力形式是首先帮助别人更清楚地看到他们的世界，然后让他们决定下一步该怎么做。
- 你的工作方法可以随时向客户展示并进行讨论。
- 你的头号工具仅仅是做你自己，所以最有效的帮助别人的方法就是帮助你自己。

做一个大牛顾问可能听起来挺诱人的，但在这种咨询方法中隐藏着巨大的危险。由于最有效的帮助别人的方法就是帮助自己，模范顾问往往通过自己的存在就可以影响别人，即使别人并没有要求获得他们的影响。从某种意义上说，一旦成为一个高效的顾问，你就再也没有回头路了。面对一种情况，你不可能真的**毫无影响**，即使你想要这样。

有时，我发现自己在飞机上随随便便就和邻座聊了一两个小时。飞行结束时，我的邻座常常说："听君一席话，我知道我的生活将因此不同了。"我曾经让陌生人去看婚姻辅导，换工作，在大学转专业，给与其七年没说过话的父母写信，改变国际营销策略，拒绝诱人的工作或者做出很多更小的改变，这些都仅仅是聊了几个小时天的结果。

这种影响力曾经让我害怕。随着我不断扩大自己的影响，我成了一个有潜在危险性的人物。最后我发现我是太自恋了。我在这些变化中的作用几乎是微不足道的。这些人已经处在做出改变的边缘，就算我今天没有坐在他们旁边，明天也会有别人做到这些事，或者后天。我顶多是给了他们提示而已。

我知道这个模型是正确的，因为大牛顾问已经以同样的方式提示了我。但是，即使是一个提示物，也要负有一定的责任。我们不能漫不经心地满世界引发各种变化而不注意后果。否则，我们也就和那些售后概不负责的二手车商没什么区别了。

最起码，你需要了解这个变化——它怎么发生了，它怎么没发生，以及怎么可以让它更优雅地起效果。这些主题将是下几章的重点。

第 8 章

学会控制变化

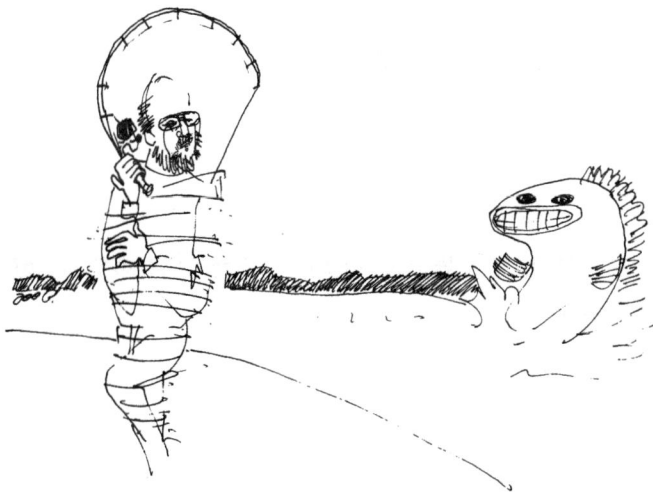

66 失去一样东西最好的办法就是努力留住它。99

——罗默法则

我认为，顾问的工作就是通过让客户把小小的干预逐渐放大来完成的。但作为温伯格双胞胎定律的共同作者，我怎么会相信能发生变化呢？更不要说是由一个人来引发变化了。

把温伯格定律反过来

这个问题源于对温伯格双胞胎定律的一个常见误解。有些人记得这个定律：

……不管人们有多努力，都不会发生什么大事。

但实际上前面还有一句：

大部分时间，在世界上大多数地方，不管人们有多努力，都不会发生什么大事。

这就完全不一样了。

温伯格定律也可以用其他的方式来叙述，以便强调这一点。比如，它可以反过来说：

有些时候，在某些地方，会发生重大的变化，特别是人们没有努力去改变它的时候。

温伯格双胞胎定律并不阻止变化。傻子也能发现变化无处不在。每年，我都会发现我的裤子更紧了，楼梯更陡了，字看起来更小了。

因为很多变化都是不好的，所以人们请顾问常常不是为了要改变什么，而是为了不要改变。"影响"并不总是指要为产生变化而影响。事实上，减肥顾问、健身顾问和视力顾问可能比所有其他的顾问加起来还要多，而这些人大部分时间都是在试图阻止汹涌而来的变化。至少他们应该学习一下温伯格双胞胎定律的另一个方面：变化**到底**是怎么发生的，以及可以做些什么来阻止它。

普雷斯科特腌黄瓜原则

我该怎么解释如何阻止变化呢？还是讲讲开着老式乡村百货店的普雷斯科特的故事吧。

普雷斯科特的百货店就是"真实"的代名词，普雷斯科特本人也是这样。在打发走了一个找冻青豆的顾客之后，普雷斯科特靠在大肚子火炉旁边的木椅子里，脚跷在饼干桶上，冲着大门的方向晃着脑袋说道："**冻豌豆**！老天爷，怎么会有人要**冻豌豆**！我有三种干豌豆，四种豌豆罐头，甜豌豆、熏豌豆，罐子里还有世界上最好的豌豆汤。就算有个冰箱——我才不要买，我也不会拿它装豌豆。"

"如今人们似乎挺**喜欢**冻豌豆啊。"我试探道。

"这年头人们根本分不清好赖。那些穿热裤的女人可能离了电动工具连开罐头都不会，更甭说做一碗像样的汤了。"

"话说回来，你要是给不了别人想要的，这店还怎么开下去呢？"

"我要**抵抗**！我就是要这么做。开店的方式还是有对错之分的，我不管别人怎么说，老办法就是对的办法。"

"好吧，不过我得说腌黄瓜没人能比得上你。"

"我可是有秘方的，是我老爸的老爸传给他的，他又传给了我。"

"我不想偷你的秘方，不过我想知道这东西是怎么保存下来的。你能大致告诉我一下腌黄瓜的秘诀吗？"

"嗯，也许吧，"普雷斯科特舒服地靠在椅子里，"我的爷爷曾经告诉我一根倔强的黄瓜的故事。他把它放进了桶里，它看了看其他的黄瓜，对它们身上发生的事情十分厌恶。'真是要了命了，'它骂道，'你们这帮黄瓜都怎么啦？一点骨气都没有了吗？有自尊的黄瓜不会随随便便不经过抗争就被腌了。'"

"'那我们能做啥呢？'黄瓜们问道。'你可以抵抗啊，这就是你能做的。这也是我要做的，我不会让卤水进入我的皮肤的。'"

"然后爷爷就停下来了，我总是问他：'那根倔强的黄瓜后来怎么样了呢？'"

"那他说啥？"我问道。

"他说：'孩子，别傻了。**如果你在卤水里待得够久，就变成腌黄瓜了**。'"

也许因为稳定非常普遍，所以大多数变化都是以某种方式在稳定中产生的。有什么能比像海水一样的卤水更稳定的呢？还有什么比怕热、怕冷、怕磕、怕干还怕其他无数自然冲击的黄瓜更脆弱呢？

普雷斯科特腌黄瓜原则是不是可以称为"变化第一定律"呢？

黄瓜被卤水腌的多，卤水被黄瓜染的少。

我可不愿意这么想。这和我那个孤独的斗士可以胜过"体制"的梦完全不一样。

我几个月以来都在为问题纠结，彻夜难眠，搞得朋友们鸡犬不宁。我觉得我得再去见见普雷斯科特，让他说清楚。我三过店门而不入——认不出啊。老式的装潢已经消失了，换成了镀铬和塑料。手写的"普雷斯科特百货店"招牌也不见了，也许是藏在那巨大的"普雷斯科特比萨宫"霓虹灯招牌的后面了。

　　在店里，我也认不出普雷斯科特了。围裙不见了，粗布衬衣不见了，玉米秆烟斗也不见了，乡下口音也没了。"嘿，来击下掌！瞧瞧，杰哥来了。你转过这个新地方了吗？"

　　"那乡村百货店怎么着了？"

　　"没有顾客啊，一礼拜亏一千块，不过现在我可是挣那三倍的钱了。冻比萨，就是这生意。"

　　"那保持传统的价值观呢？"

　　"噢，我还是很喜欢那些老的东西啊，但在商言商，你得给顾客想要的。再说比萨也有传统啊。来尝尝这块豌豆腌黄瓜比萨，这可是我这儿的特色。"

　　"谢谢了，普雷斯，不过我得走了。我已经吃了太多腌黄瓜了。"

打败卤水

　　普雷斯科特的变化真让人沮丧，主要是因为我能想象我自己也会这样。普雷斯科特腌黄瓜原则的另一种说法是：

　　如果小系统试图通过长期和持续的接触来改变大系统，那么最后更可能是自己发生变化。

　　我是面对大客户的小人物，还有许多其他的顾问也是这样。这就解释了为什么那么多人都被"腌"了。人类学家变成土著了。心理学家发疯了。为一度是世界上最大公司的贝尔系统公司工作的人，以前都说他们已经"贝尔化"了，这种情形不仅会出现在外部顾问身上，也会发现在内部员工身上。

　　要是不想被"腌"，顾问就不能和一个客户待得太久。要是无法避免，至少可以通过为其他客户工作来调剂一下，哪怕不要钱都行。作为员工，你不能做一个工作太久。当然，如果你一直换工作或者换客户，保持高效就很难。改变通常既需要时间，也需要持续的接触，或者两者至少要居其一吧。那么，困难就在于怎么在顾问根本不在场的情况下，也能长期持续地把客户泡在某种"卤水"里。

改变的力量

流浪者法则

作为外部顾问，我到处飞，所以不太会被客户"腌"，不过被航空食品以及旅伴"腌"是免不了的。我记得有一次坐飞机，旁边的C 座坐着一个牛仔，B 座上放着他的吉他。

我想这吉他能自己占个座，肯定很贵了。然后我就意识到为什么了。"嗨，我认识你啊。你是流浪者乐瑟贝克，民谣歌手！嘿，我可喜欢你的嗓音了！"

流浪者脸红了。"噢，谢谢。那大部分都是电子处理的功劳。"

"你好谦虚，真令人钦佩。不过你总归是有天赋才能开始啊。"

"毅力比天赋多吧。"

"为什么这么说呢？"

"我父亲去世的时候留给了我一个家庭农场，还留给了我一笔按揭款。我很爱那个农场，我当时觉得这辈子我就想养养猪、种种玉米了。不过务农不怎么来钱啊，于是我就在当地的小酒馆里唱歌来补贴按揭款。"

"然后有人发现你了？"

"没有，我是有些忠实的听众，不过这还补不上农场的窟窿。所以我就到大一点的镇子上演出，这样挣得多些，但在家的时间更少了，就没办法好好打理农场了。然后，终于开始攒下来点钱的时候，就全用来修理农场了。"

"我只有五亩地，不过我知道那玩意儿得花多少钱。"

"嗯，我们有 200 亩，这实在是不够。然后一个邻居过世了，我有个机会再买上 240 亩。为了筹钱，我签了一个巡回 7 个州的演出。朋友们就是在这个时候叫我'流浪者'的。我的真名是乔治。"

"这是多久以前的事儿了？"

"我想想……差不多 25 年了吧。我还在流浪呢。"

"你还有农场吗？"

"当然了。现在有 1000 多亩了，什么现代化器械都有。我们甚至还有了个用太阳能取暖的养猪房。"

"我相信你在家的时候肯定很开心。"

"说老实话，我不喜欢。"

"不喜欢？"

"不喜欢。你看，旅行一阵子以后，我就存够了钱，可以回农场退休了。我也试过这样，可我已经适应了游吟诗人式的生活。过了 3 个月，我又签了一个巡演，然后就一直在外演出了。八成我以后要死在哪个机场了。"

"这是我听过的最惨的事情了。"

"你怎么这么说呢？我喜欢我做的事。我不再是刚继承农场时的那个人了。"

这时候，我意识到，流浪者刚开始旅行时是为了留住他最爱的东西：农场。然后他就被旅行"腌"透了。这就让我提出了所谓"流浪者法则"：

努力留在家，会让你变成流浪者。

留守者法则

最后我发现，流浪者的农场在内布拉斯加州，离我家不远。他给了他的兄弟弗朗西斯一半的权益，作为其这么多年打理农场的回报。旅行结束后，我马上出发，去草原之家拜访弗朗西斯。

"头一件事，不要再叫我弗朗西斯了，"他在门口和我握手时说道，"所有的朋友都叫我'留守者'。"

"这是你的中间名？"

"不是，这是照着我哥哥流浪者起的。他流浪，我留守。"

"我想你俩肯定都继承了令尊对土地的热爱。"

"也不是。父亲去世的时候我还小，我也不怎么了解他。我在芝加哥、丹佛和新奥尔良的姑妈们轮番照顾我长大。"

"经历这一切之后，你肯定非常想安定下来。"

"说实话，我还是比较喜欢吉普赛式的生活，可我养活不了自己。流浪者需要有人打理农场的时候，我们定了个协议。他一回来，就会出钱让我旅行。不然，我肯定不会同意做这个的。"

"那你最后去哪儿了？有没有来个大环游？"

"没有,我最大的旅行就是跑去威弗利的合作社,然后去伊戈尔的银行。"

"你是说你自己的亲兄弟说话不算数,就是为了自己旅行?"

"不不不,他是催我去啊。我的钱足够雇一个很好的经理,然后我想去哪儿就去哪儿。但不知从什么时候开始,我有点开始害怕外面的大世界了。流浪者甚至还说要带着我一起。我也不知道,过了这么多年,我现在就想待在家里。"

所以很显然,流浪者规则还要配上一个留守者法则:

努力去旅行,会让你变成留守者。

最强大的改变力量

流浪者曾经想待在家里,可为了保留他最珍视的东西,他成了流浪者。反过来,留守者开始的时候过着吉普赛式的生活,可为了保持流浪,他却留在了家里。

我在旅行中,已经遇到了好几十个类似的例子。深爱妻子的丈夫想留住妻子,却因为自己吃醋发怒把她逼走了。孤独的母亲想把最喜欢的孩子留在家里,却因占有欲太强使孩子逃走了。公司想要坚持它最成功的产品,然后一切都成了历史。

这些都能说得通。改变需要强大而不懈的力量,还有什么比不想改变的欲望更强大呢?所以,根据普雷斯科特腌黄瓜原则,这最可能成为改变的原因。

罗默法则

这个原理再清楚不过了：

失去一个东西的最好办法就是努力留住它。

我决定把它叫作"流守法则"，结合了流浪者和留守者的名字。我同时提到这两个法则，是为了提醒自己，让一个兄弟留在家的定律可以让另外一个兄弟流浪——真是个强大的定律。在准备晚饭的时候，我自豪地把流守法则告诉了丹妮，她听了几乎要拿手中的比目鱼打我。

"你这白痴，"她大笑，"这规则老早就有人讲过了，发现者是伟大的古生物学家阿尔弗雷德·罗默。"

"我怎么会知道？"我抗议道，"你是人类学教授啊。"

每次我抗议丹妮是教授的时候，她就要给我上一课来惩罚我。这次，她给我上课的时候，手里一直冲我挥舞着比目鱼。她告诉我罗默是怎么用这一条规则来解释化石中记载的巨大变化的。

"假设在地球上，水里变得太拥挤了，"丹妮解释道，"也许新的鱼种比旧的鱼种更会抢食物。不管什么原因吧，食物不够了，所以能获得更多食物的物种就比较占优势。

"假设，有一个物种适应了爬出水面一段时间——假如说是屏住呼吸——以便啃食长在水边的植物。在其他鱼看来，这物种简直是进入异次元了。但在它们自己看来，这只算是**暂时**离开自己喜欢的环境，以便能够在这个环境中永远生存下去。

"换句话说，这些鱼离开水是为了留在水里，就像流浪者出去旅行是为了留在家里一样。但一旦开始了最初的一小步，就算定型了。在

上千年甚至上百万年后，有些后代最终达到了以陆地而不是水为主要
生存环境的程度。有些还是两栖，但许多物种根本就下不了水了。"

控制微小的变化

罗默法则说，最大最长久的变化，常常是因为要保留那个最终变
化最大的东西而引起的。在试图改变一个庞大系统时，罗默法则可以
为顾问所用，可万一请顾问是为了保留珍视的东西怎么办？也许我们
应该看看一个经典的水滴石穿的例子，看看好心是怎么办成坏事的。

没有什么影响的改变

在麦克安德鲁下士的阿肯色州炖负鼠有限公司的行政办公室里，
哈罗德·哈斯泰德正忙着为改变他们的产品"负鼠肉饼"的提案做决
策。就在刚才，哈罗德从另一个聪明的年轻烹饪科学家琼斯那里听取
了另一个绝妙的省钱点子。当琼斯满怀期待地停下来时，哈罗德知道
他该有所回应了："这会给公司省多少钱？"他很负责任地问道。

琼斯早就准备好了这些数字。"每个负鼠肉饼能节省百分之一美分。
我们一年能卖出一百亿个负鼠肉饼，所以一年能省一百万美元！"

毫无疑问，琼斯已经为这个创新忙活了不止一年，现在只需要哈
罗德点头就可以大功告成了。

"这当然是省了一大笔钱，"哈罗德说，"但我们还得考虑我们敬
爱的创始人麦克安德鲁下士对我们那神圣的嘱托。你不是想要改变秘

方吧？这可是我们所有成功的基础啊。"

"噢不，"琼斯激动地拍着他那本蓝皮报告解释道，"这些是在过去六个月里做的市场分析，雄辩地证明了这项节省成本的修改对顾客的感知和其对负鼠肉饼的接受绝对没有任何影响。不管什么人都无法区分新配方和现有的配方，麦克安德鲁下士本人，也吃不出任何区别。"

"要是这样，"哈罗德笑着站起来，"你干得漂亮。把你的报告留下吧，如果它能支持你的说法，我们就会在下次修改时采用这个新配方。"

当琼斯走过铺着地毯的走廊的转角后，哈罗德发现还有 15 分钟可以加进自己的午餐时间里。

"太好了，"他想，抓起大衣走向行政出口，"我有时间去意式筋道餐厅吃饭了，吃顿真正的饭。哪个味蕾没坏死的人能把油腻腻的负鼠肉饼塞进嘴里呢？我们到底是怎么用这么恶心的产品建起了这么庞大的企业呢？"真的，怎么会呢？会不会是哈罗德·哈斯泰德以及整个阿肯色州炖负鼠有限公司都犯下了**快餐谬误**呢？

快餐谬误

要让快餐谬误成立，需要两个先决条件：首先，我们得有**重复**（反复提供某种标准产品或服务）；其次，我们必须**集中**（进行提供标准产品或服务的成本核算）。

因为有重复，在单件上节约一点就可以在整体上省下很多钱。但要是没有集中，省下的这笔钱就没法在一个地方积累到有所用处的程度。当这两个因素碰到一起时，组织就会不可避免地屈服于改变的诱惑，既可以省下一大笔钱，又对产品没什么影响。

　　既然测试都显示没什么影响，还有什么要紧的呢？因为它正是系统思考者所谓"合成谬误"的一种特殊情况，意思就是没区别**加上**没区别等于没区别。

　　比方说，琼斯的计划是把负鼠肉饼上的香蒿籽从 100 个减到 99 个。当然，没人在流着口水大嚼负鼠的肥肉时能注意到这微小的变化。如果琼斯又想到把它从 99 个减到 98 个，**也仍然**没什么关系。但在一个大的组织中，这种过程不会只发生一次。有那么多聪明的研究者，每个人都想去掉一个香蒿籽，我们就不知道什么时候是个头了。我们也不知道到底在**什么时候**就有了区别，但在 100 个香蒿籽和 0 个香蒿籽之间的某个地方，我们就会违背麦克安德鲁下士神圣的嘱托。

　　虽然说成是 100 个还是 0 个香蒿籽，要看出快餐谬误是很容易的，但总裁办公室里的哈罗德·哈斯泰德面临的可从来都不是这么简单的选择。这儿少几粒香蒿籽，那儿缺几粒盐，什么地方短了一毫克负鼠软骨，或者油炸欠了十分之一秒。到最后，快餐谬误是逃不掉的，因为：

　　没区别加上没区别加上没区别……最后等于很大的区别。

强大而不懈的力量

　　麦克安德鲁下士非常熟悉这个问题的另一面，他会讲得更漂亮一点：

　　聚沙成塔，集腋成裘。

　　下士知道该怎么省钱，也让公司延续了对节约的注重。但他对原始配方也有"不理性"的坚持，这让他的负鼠肉饼免于因快餐谬误而一步步走向死亡。

下士对于原始配方的坚持也许是不理性的，但它产生的效果是很明显的。普雷斯科特的腌黄瓜原则可以正反两用。对于下士配方毫不动摇的坚持，就像是浸泡整个公司的"卤水"，在千万次做出"无关紧要"改变的尝试面前保持着产品的质量。

为了在改变中保持恒定，就必须有一些强大而不懈的力量。在许多成功的公司中，这种力量是由一位强大的有人格魅力的创始人提供的，就像麦克安德鲁下士。随着公司的成长，个人渐渐显得不够强大，于是就可能发生两种情况：要么公司失去了这种力量，从而改变了产品的质量；要么创始人超越了个人形象，成为公司文化中宗教式的符号。这种符号虽然不理性，却可以成为一种强大而不懈的力量。

强大而持久的力量并不见得就是好的。罗默法则告诉我们，许多公司、许多国家、许多物种、许多人都因为太坚持错误的东西而失败。下士的继承人哈罗德·哈斯泰德并不了解罗默法则，但他表现出了自己的一个罗默法则版本：

最大最持久的变化常常源自试图保持最终改变最大的那样东西。

哈斯泰德是一个成熟且富有理性的商务人士，他知道下士有力而持久的节约对于公司在当今竞争激烈的商界中存活是非常重要的。他不了解的是，他的公司正在被他自己试图通过削减开支而维持利润的做法慢慢扼杀，每次一美分。他对原始的配方并没有同样不懈的坚持。

福特基本反馈公式

预防快餐谬误所需要的强大而不懈的力量并不一定来自一个强大而不懈的人。世界上是有像麦克安德鲁下士这样的杰出人物，而像普雷斯科特一样的大多数人则都无力抵抗成本会计的诱惑。但顾问还有另外一种方法，可以用来预防他们规划的变化一点点地堕落。

虽然哈罗德可能搞不清楚肉饼到底怎么了，但他还是知道要到旁边的意大利餐馆好好吃一顿。也许通过复杂的研究，可以搞清楚一个大的组织里到底有什么不对了，但人还是会依赖于自己的嗅觉。这也就是公司的数据采集员和普通老百姓之间总会就污染问题争论不休的原因。

很多污染的情况都符合快餐谬误的条件：大规模重复加上集中的成本会计。工厂会一点一滴地改进生产效率，每一点改变都不会对排放造成"任何可见的影响"。到头来，就算工程师能"证明"并不存在污染，住在工厂下游的老百姓还是闻出不对劲了。

有传闻说，亨利·福特有一次被国会召去谈如何避免工厂对河流的污染。福特对国会设想的复杂立法嗤之以鼻，他认为只需提出一条法规，就能够"一劳永逸地解决污染问题"。国会没有通过这条法规，但这条法规中的两点值得记住。

1. 人们可以从任何一条河流里随便取水并用于任何目的。
2. 人们必须把等量的水还回取水处的上游。

换句话说，人们想怎么用水就怎么用，只要他们自己承担后果就好。为什么这条我称之为"福特基本反馈公式"的原则能够防微杜渐呢？有如下两个原因。

1. 它十分**强大**，因为没有水就没法开工。

2. 它十分**不懈**，因为法律把它和生产的基本原料绑在了一起，一刻也逃不脱。

如果哈罗德·哈斯泰德和他的研究员都不得不吃负鼠肉饼才能保住工作的话，快餐谬误就永远不会出现。

试图保证质量的顾问应当首先看看负责质量的人到底是不是在质量的下游。做出恶行的人常常并没有意识到自己的行为。通过录像带来观察一般就能在瞬间解决这个问题。冷漠的官僚一般都出现在那些永远不会使用自己提供的服务的机构里，比如福利和失业办公室之类。铁石心肠的医生大多在自己经历第一次真正手术的时候心肠就会软化。

所以下一次找饭馆的时候，看看老板是不是在自己的店里吃饭吧。如果是的话，那菜也许还是不合**你**的口味，但要不是的话，那就**谁**的口味也不合了。

温伯格测试

顾问并不在任何人的下游，当他们为客户推行变革的时候，就给自己出了难题。客户意识到顾问并不用承担自己建议的后果，顾问也因此成了一些让人难受的笑话的取笑对象。这种笑话基本上是把顾问和教授划成了一类。教授们声称，要是学生考过了，那是课讲得好；

要是学生考挂了，就是学生自己笨。照这样说，永远都不是教授的错，所以要想保证课程效果实在是很困难。大多数大学解决这个问题的办法就是禁止对课程的效果进行任何衡量。

衡量效果

在达沃斯参加一次计算机会议的时候，我听到了专家委员会的三位教授就计算机科学的教育问题所进行的争论。在描述了三种不同的课程安排之后，他们邀请在座的听众提问。有人问道："你怎么衡量课程的**效果**？"

他们没有给出回答，而是在那里不停地清嗓子，哼哼唧唧、支支吾吾。听众在座位上躁动起来，周遭充斥着关于大学无用和教授智力水平的评论。最后，台上的一位教授请听众提出自己的衡量方法。看到似乎没有人愿意冒这个险，我接受了这个挑战。

"比方说，"我说，"这次会议结束了，大家得坐火车到苏黎世再飞回家。你上了飞机，舱门关了，然后你听到喇叭里用合成的声音说了这么一段话。

> 乘客们：今天，你们见证了一个历史性的时刻——首次全自动商业飞行。从这一刻起，直到您到达目的地的登机口，这架飞机将完全处于计算机控制之下。没有真人飞行员或副驾驶，但您完全无须担心自己的安全。控制飞机的程序已经通过了 X 大学的计算机科学博士论文评审。祝您旅途愉快！

"对教学的真正测试，"我继续说，"就是你这一刻的感受。"

显然，委员会的教授们不太欣赏我这个测试，但是观众都笑疯了。主持人试图控制现场秩序，但当委员会说我的测试荒唐无比之后，观众似乎已经完全不想听专家们说啥了。不过我自己却觉得相当失落，因为我本来是将这个测试作为一个严肃的标准的，这是我能想到的最严肃的标准了。

散会之后，一位身材不高、白发苍苍、留着山羊胡子、穿着三件套灰色西装的老先生走过来。他用德国口音的英语对我说："温伯格教授，我喜欢你的测试。我和专家们的意见不一样。我认为这是个严肃的测试，我想告诉你这也很好地衡量了我自己的课程。"

有人拿我的话当回事真是让我高兴啊，于是我问道："那您要是听到这个广播有啥感觉？"

他的回答让我吃了一惊。"哦，我根本不担心啊。我对我的安全完全有信心。"

"真的？你的程序有那么好？"

"完全不是那么回事，"他狡黠地看了我一眼，"要是**我的**学生来写这个系统，发动机都根本不会转！"

放钱进去

多年以来，只要有人问我如何衡量风险，我就想起那位山羊胡子的教授。虽然可以用的测试有很多，但温伯格测试在这所有的测试之中似乎一直占据重要位置。简而言之，温伯格测试问的是：

你愿意把自己的生命托付给这个系统吗？

也不是所有的系统都需要这么严格的测试，于是我构造了温伯格测试的几个弱一些的版本，比如。

你愿意押上你的右胳膊吗？

你愿意押上你的左手吗？

你愿意押上一生的积蓄吗？

你愿意押上自己的十块钱吗？

对于坚称自己的程序毫无缺陷的程序员，这个十块钱的测试，我用过几百次。一百个程序员里面，九十五个都退缩了，拒绝押上十块钱来赌我在合理的时间内找不出一个缺陷。一百次中的另外五次，我都赢了十块钱。

拿着别人的钱信心满满并不难。温伯格测试的基本要素就是要求说话的人要押上自己的东西，而不是夸夸其谈。作为顾问，我们也试着把福特基本反馈公式用在自己身上，至少在思想上是这样。通俗来讲，温伯格测试就是"说到哪里，押到哪里"。

当顾问提出改变的时候，要做的第一件事就是确定要涉及哪个层次的温伯格测试，然后设身处地地感受一下。要是关系到人的性命，那至少也要衡量一下自己的安全感。要是关系到钱，就得把那笔钱调整到个人的尺度上，看看要是自己的钱会感觉如何。

在工程领域，很多生命的消逝才换来了前沿技术发展的推动力，如船只沉没、桥梁垮塌、建筑焚毁、飞机坠地、引擎爆炸。在顾问们学会第一次就做对之前，我们还得牺牲多少生命？

我希望不用牺牲任何人。但其他的牺牲——时间、金钱、工作量呢？当没有直接关乎生死的时候，我们对后果并不那么感同身受。也许温伯格测试可以挽救的不只是生命，也许它能挽救我们的工作、我们的名誉乃至我们的自尊。

第 9 章

如何安全地进行改变

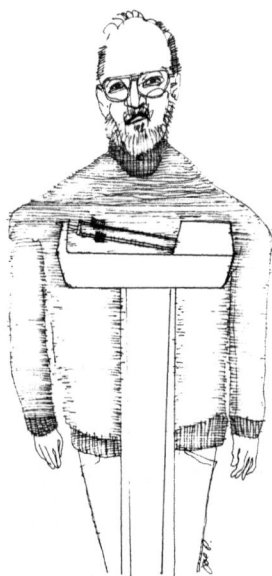

> 它可能看起来像一场危机，
> 但实际上只是幻觉的终结。
>
> ——隆达的启示

温斯顿·丘吉尔曾经说过，他很高兴自己年轻时并不激进，因此年老时也不会变得保守。随着年龄的增长，人们会了解改变是如何实现的，而这一发现很容易令人心灰意冷。

正是作为顾问（改变的助产士）获得的优渥收入让我没有变得保守。生意兴隆的助产士不会因为产妇在分娩时遇到种种困难而失业。事实上，**正是**这些难产的情况才让助产士发家致富的。因此，我没有气馁，而是转去研究如何降低改变的风险，就像助产士研究如何降低分娩的风险一样。

潘多拉的疹子

吃药是一个很好的例子，说明了我们在试着改变时所面临的风险。前一段时间，我的关节炎犯了，于是找医生给我开了一些药。疼是不那么疼了，可我的胃里翻江倒海。第二次开的药倒是不伤胃，可也不能止疼。我琢磨着医生就跟顾问一样，第三次尝试时结果总是最好的，于是我又找他开了个方子。我是对的。这次我的胃里风平浪静，就算是冬天第一个冰冷刺骨的早晨，我的关节也让我弛然安卧。

我还想再缩在电热毯里享受一会儿温暖，可厨房里一个橱柜门"砰"的一声关上了。我揉了揉眼睛醒过来，这才发现我全身都是汗，并且奇痒难耐。

我的疹子

我隐约看到丹妮走过来。"出啥事了？"我问道，暂时把自己的不适放在一边。

"首先呢，我的新数字闹钟今天早上没响，所以我现在已经晚了一个小时了。"

"哦，真糟糕，"我表示同情，"去喝杯咖啡吧，一切都会好起来的。"

"其次，新的组合自磨咖啡机刚把自己磨碎了。刀片绞在了过滤网上，我的咖啡里还有金属碎片。"

"就这些？"

"这还不够？然后就听到你尖叫。你多大了？还照顾不了自己吗？"

"我不知道。把灯打开，看看我的皮肤。"

"上帝啊！你的脸！"

"不只是我的脸，到处都是疹子，也许脚底没有，我看不见脚底。肯定是新的关节炎药……"

"那药不是应该让你的胃难受吗？"

"倒是**没**让我反胃。"

"你要是看一下你的脸就会反胃了。"

"你能帮我叫医生吗？这可能很危险啊！我去看看咖啡机。"

咖啡机算是完蛋了。我正找速溶咖啡的时候，丹妮下楼来，有了医生的消息。"医生说她马上就到急诊室了，"她想了想，充满希望地说，"也许**他们**有咖啡呢。"

我觉得自己烧得厉害，没法开车了，所以我穿好衣服之后，丹妮就去开她的车。我正试图把红肿的脚塞进鞋子里，她回来了，宣布：

"我的车电池没电了。我想可能与我给录音机配的新充电器有关！"

身体越来越痒，我开始没耐心了。"没事，开我的车好了。"

"不行啊，它也打不着火。"

"**必须**打得着啊，这车还是新的呢。"

"它或许是新的吧，可我觉得柴油被冻上了。外边可不是有一点点冷。"

在汽车俱乐部的帮助下，我们终于在两个小时后到达了急诊室。幸运的是，这病不危及生命，因为我又等了俩小时才见着医生。

医生终于来了，她感到非常抱歉。问题似乎在于医院刚刚弄了一个新的计算机控制程序来为急诊室的医生排班。"显然它还有一些错误。我希望你不是太难受。"

"新"定律

话说回来，我倒是很好地利用了我的痛苦。丹妮去上班之后，我一边抓挠一边思考这些痛苦的累积过程。"这里面肯定有原因，"我又挠掉一层皮的时候对自己说，"一下子出这么多问题，这不是巧合。所有这些灾难有什么共同点呢？"

我拿起一支笔，不再抓挠了，而是很快列出了下面几项。

新的数字闹钟没响。

新咖啡机把自己绞成了一团金属碎片。

新药导致我三度瘙痒和发烧。

新的电池充电器耗尽了汽车电池的电。

新的柴油车无法启动，因为燃料变成了"果冻"。

我一下子还没看出它们之间有什么联系，但医生为医院的新计算机道歉的那一刻，我明白了。要不是被烧迷糊了，我肯定早就发现了：**新玩意儿从来就不好使。**

几天后，我不痒了，但这个结论依然成立。不管我看到什么、听到什么，一切都证实了这个结论。新来的小狗把浴室垫啃坏了。银行的新过账系统从我的支票账户上划走了 6000 美元。新型战机第一次飞越赤道时就翻了个底朝天。新的防守阵型在比赛还剩 47 秒时被对方触地得分。

我想把这个让人目瞪口呆的结论命名为"新"定律，可当我把这个发现告诉丹妮时，她只是打了个哈欠并岔开了话题。当我坚持要谈它的时候，她跟我摊牌了："写这玩意儿没有意义啊。**大家**都知道新东西从来不好使。"

"那为什么'大家'还热衷于把所有东西都换成新的呢？"

"你要是能回答这个问题的话，倒是值得写写。"

潘多拉，改变的始祖

我把历史书搬了出来。不管我追溯到多远，似乎人们都已经知道新玩意儿从来不好使了。然而人们还总是渴望新的东西。最后我找到了希腊神话，终于找到根源了。

我们都知道，普罗米修斯（他的名字在希腊语中的意思是"先见者"）从众神那里偷了火种。宙斯勃然大怒，给人类造出了一种新的痛苦——用黏土和水做成的有生命的娃娃，她是一个让人无法抗拒的美人。这个有生命的娃娃叫潘多拉，被作为礼物送给普罗米修斯的弟弟厄庇墨透斯，即"后觉者"。

虽然普罗米修斯警告过他，但厄庇墨透斯还是无法抗拒这个新玩具，并把潘多拉带给了人类。潘多拉带着一个装有众神能想象到的所有苦难的大花瓶（不是现行版本中所说的盒子）。当她打开盖子，这些苦难纷纷涌向我们时，她就成了所有改变的始作俑者。

最大的苦难

我们听过的故事差不多就是这样。但其实还有一件事，就是最大的苦难仍然在花瓶里。不幸的是，当潘多拉第二次偷看的时候它被放出来了，因为要是没有这个苦难，我们可能已经吸取了潘多拉的教训了。

最大的苦难是**希望**。只要希望还在，人们就会一遍又一遍地犯同样的错误。

这才是真正伟大的发现：

新玩意儿从来不好使，但我们总是希望这一次会有所不同。

这个定律当然值得起个响亮的名字，还有什么能比**潘多拉的疹子**更恰当的呢？让每种新玩意儿带给我们无可救药的瘙痒的，不是潘多拉花瓶里可怕的东西，而恰恰是我们自己的希望。

与故障共处

潘多拉的疹子是一种由营销人员传播的社会病。和大多数社会病一样，它也是地方性的。不要指望什么技术突破能彻底消灭潘多拉的疹子。你知道，从来没有什么突破是好使的，但你的客户会为每一个新的时髦玩意儿着迷。我们不要和变化作对，更明智的做法是学会与它共处，或者把它当作谋生之法。

发牌员的选择

如果这些营销人员不停地出现，你的客户肯定会为他们的某些花言巧语所蒙蔽，那为什么不顺水推舟呢？正如我的朋友亨利喜欢说的：

信任每一个人，但要自己来切牌。

或者，在这个例子里就是：

他们想试什么就试什么，不过要教他们如何保护自己。

我把这个原则叫作"发牌员的选择"，因为作为顾问，你相当于在发牌。你的客户不得不参加赌局，但他们想要玩点新花样的时候，你可以暗中做牌，帮他们建立起**一系列**防线。

接受故障

第一道防线是要接受这一事实：新的系统必出故障，而且可能会出好几个故障。我要是发现自己在想"我必须要做这个改变，因为我承担不起故障"，那麻烦就大了。如果我承担不了一些故障，换个新的系统也无济于事。旧的也一样不管用。

一旦接受故障是不可避免的，我的下一道防线就是问自己另一个问题："为什么我觉得自己承担不了哪怕一丁点儿故障呢？"新闹钟就是一个很好的例子。你可曾因为担心闹钟不能叫醒你去参加重要的业务会议而失眠呢？

用改进代替完美

比没被叫醒更糟糕的是什么？睡不着。这就提出了我的下一个防御问题："如果新系统不可能是完美的，我怎么使用才可以让它比现有的系统**更好**呢？"改进比实现完美更容易，正如中国人所说，"万事莫求全"。①

比方说，我可以把新闹钟和旧闹钟一起用。有了两个闹钟，按时醒来的可能性应该会更大，至少不会更小。

应用三的法则

下一道防线是花 30 秒考虑一下，这种更好地使用系统的方式哪里可能会出故障。应用三的法则可能不能面面俱到，但我总是能发现几个差点漏掉的大问题。

你能想到几种新闹钟发生故障的原因？下面就是我想了 30 秒后列出来的。

1. 没电了。

---

① 原文所引 "the best is the enemy of the good"，实语出法国文豪伏尔泰寓言诗 "La Bégueule" 的首句 "Dans ses écrits, un sage Italien / Dit que le mieux est l'ennemi du bien."（一位意大利先贤，在著作中说"至善乃是善之敌"）。

——译者注

2. 电池装反了。

3. 由于不熟悉，将闹铃设置错了。

4. 插头被拔掉了，因为电源线看起来和其他电器的差不多。

5. 闹铃响了，但没被认为是闹铃。

6. 看错时间，继续睡了。

7. 丹妮把它关了，因为铃声很烦人。

我要是相信新闹钟不会出问题，就不会考虑这些可能性了。不过这些问题都很容易补救，只要用个备用系统就好了。

发明一种备用品

下一道防线是发明一种备用品。闹钟的备用品很简单：再准备一个闹钟。但这并不是唯一可以采用的备用品。有些故障稍稍调整一下，其实就可以变成一个备用的方法。

对新闹钟不熟悉就是一个很好的例子。我可以告诉丹妮，我用了个新闹钟，希望她帮我适应新的声音。这不仅避免了第 5、6、7 条，还能避免第 2、3、4 条。如果丹妮醒来发现我还在呼呼大睡，她有权叫醒我。人类备用系统有很好的适应性。

丹妮新咖啡机的备用品可以是一罐速溶咖啡。速溶咖啡确实不如现磨现煮的，但还是比白开水好喝一点。

预防针

虽然备用系统是最后一道防线，但它有时也会出故障。丹妮的汽车电池没电的时候，我的柴油居然也冻上了。这两个都是相对较新的系统。我可以容忍一个新系统出故障，但两个同时歇菜，我就没法招架了。

埃德塞规令

要说起失败的汽车，就想想埃德塞（Edsel）汽车吧，那是福特汽车公司在 20 世纪 50 年代的滑铁卢。我曾给福特公司当过埃德塞汽车的顾问，所以我应该算是潘多拉疹子的权威了。即便如此，我这五十年都没吭声，因为我并没有真正理解埃德塞出了什么问题。不过，福特公司启动的一项"更好的点子"的活动，让我重新审视了一下自己的职务。

在我的记忆中，埃德塞项目取得了巨大的成功。我们安装了一些了不起的新计算机系统，它们最终被整个汽车行业采用。即使埃德塞卖得不好，我们的想法也得到了验证。多年来，我见过许多先前的埃德塞公司员工，我发现他们的感觉都和我一样。他们参与埃德塞项目是因为他们对新事物有憧憬——福特公司的又一个"更好的点子"。

事实证明，埃德塞是福特公司在 20 世纪 50 年代处理所有"更好的点子"的方式。顾问和其他有着新点子的狂热分子为既定的秩序所不容，那为什么不把他们都放在一处呢？这样就不会有害了。这种方法保证了即使每一个单独的想法都很了不起，其结果也会是失败。作为一名顾问，我在埃德塞之后多次看到这种避免改变的做法，但还从来没有像这样精细。

这世界上没有哪种备用系统或防线能够防止你在生产埃德塞的那种流程中惨败。只有预防针可能有点帮助，让我们把这个预防性的忠告称为"埃德塞规令"吧，以此向这款高贵的古董车致意：

如果必须搞点新东西，那么只要一个，不要两个。

选择时间和地点

另一种防止潘多拉疹子的办法是选择实施变革的时间和地点。如果你要试新闹钟，那就等到周末，或是在中午之前办公室里都没什么事的一天。更妙的办法是等到拜访公婆或岳父母的那天。如果你买了一辆新车（对于这个问题来说，二手车也一样），不要开着它走 2 万多公里去度假。来一次短途旅行，哪怕是几次短途旅行，来磨合一下。离经销商要近，这样才能付得起拖车费。

但有时你没有选择。丹妮和我有一次带着她的七个学生到欧洲进行人类学实地考察，开的是我们从卢森堡提货的一辆九座大众客车。因为无法让车提前几个月发到美国，所以我们从第一天起就不得不面对新车的不确定性。在一个陌生的国家，新组建的九人小组，要是我们没买保险的话，这绝对是地地道道的"危机四伏"了。

大众汽车真理

通过应用埃德塞规令，我们系统地把新事物减少到每次一个，由此拯救了自己的皮肤，也少发了很多脾气。我们从新人开始。从出发前三个月开始，全组每周都有一天晚上开会，表面上是讨论实地工作，然而，我们在这个过程中相互更加了解了。当我们最终像罐子里的九条沙丁鱼一样挤在一起的时候，似乎就更容易忍耐一点了。请注意，不舒适，但还可以忍受。

出发前一个月，我们借了一辆类似的面包车，演练短途旅行。我们也为打包行李做了预演。精简到最低限度总是痛苦的，但要是等到了卢森堡再精简，那就是折磨了。

利用这一战略，我们成功地把新事物限制在了最低限度：主要是那辆大众客车本身。不过想想看，大众车也算是久经考验的产品了。我们的斯诺里客车当初也是新的，但它是根据经过时间检验的设计造出来的。这和埃德塞可不一样。

埃德塞一次尝试了太多的新功能。相反，大众汽车公司则是以其深思熟虑的政策闻名：每次引入一个小的变化，然后尽所有可能进行测试。对于埃德塞规令，我们还可以加上大众汽车真理：

如果你不能拒绝它，就去化解它。

应对新事物有很多策略，比如下面这些。

- 在类似的情景中试运行。
- 把新事物拆成几部分，以便逐个采纳。
- 让别人一起参与磨合。

大众汽车真理可以用在买车或建立一个庞大的计算机网络上。在你买下那辆疣猪 44OZ 跑车之前，先租一辆试试。如果你一直开自动挡，但准备换成疣猪四级手动挡，还是先租个自动挡的，适应一下**其**

他的新功能。还有最重要的一点：别做第一只小白鼠。

如果你能忍住几个月，其他疯猪车主就会发出他们的抱怨，其中大部分是你可以制止、回避或缓解的。疯猪车的工作人员也很可能会接到这些抱怨，或者至少服务人员会有很多实践。总之，不要理会销售宣传，在新款车上市一年后再购买吧。

时间炸弹

上述策略确实有效。有些时候你真的可以打败潘多拉疹子，只要你没有开始相信你总是能打败它。我的客户已经成功地把这些策略用到了招聘新员工上：一次只招聘一人，允许有一个效率低的磨合期，让他们做有意义但不关键的工作，为其不可避免的失败提供后备。他们也把这个策略用于安装计算机：每次添加一个单元，允许有一个效率低的磨合期，将其用于有意义但不关键的工作，然后为其不可避免的故障提供备用品。

我建议采用这些策略时，最常见的反对意见是"浪费时间"。人们似乎总是急于让新的东西开始工作。这也很合理，因为要是它们不重要的话，我们当初也就不会去折腾了。但时间压力会使新事物出现漏洞，就像蒸汽压力会在新锅炉上压出洞一样。这就是为什么每当我听到"我们在浪费时间"的时候，头脑中都闪过一个提示。我把它称为"时间炸弹"，它说的是：

时间会击破所有弱点。

或者，换句话说：

浪费时间的最可靠的方法就是扔掉谨慎。

有个新客户叫我帮忙防止他们的新系统再次遭受百万美元的损失。一个人在他们向公众开放终端的第一天，就让他们的新信息系统崩溃了两次。他所做的只是把终端的电源开关连续开关了好几百次（这样做是为了看到屏幕上奇妙的发光图案）。

客户端已经实施了我的流程中的一些防御措施，准备把系统开放给公众。经理们进行了头脑风暴，想出很多终端可能导致故障的方式，设计部设计了更好的系统来防止这些故障。但归根到底，他们都是在赶时间，他们太过自信或者是太希望系统不会出故障了。可以预见，其结果会和泰坦尼克号的遭遇一样。

因为自信，他们不会接受失败是不可避免的，所以忽略了提供后备。他们本来只需要让一个懂行的人在最初几天守在终端边上，但他们想节省宝贵的时间，而最近的一个懂行的人来到这里也要 45 分钟。而且，他们太急于让系统再次运转，来不及让人去终端。等人来到终端面前时，系统又崩溃了，还是因为同一个人，而且用的是同一个方法。

在设立公共终端时，要是吸取了时间炸弹法则的智慧，本可以为我的客户省下五十万美元。在系统第一次崩溃的时候遵守这条法则，就可以省下另外五十万美元。客户确实避免了损失第三个五十万美元，但建立这样一个警钟系统的代价还是太高了。

隆达的启示

无法防止客户的前两次系统崩溃让我觉得很不安。我很清楚，似乎只有等到出现了危机，这个客户才有动力去改变。我见到的大部分改变是由危机引发的。危机激励并不是最聪明的做事方式，但作为一名顾问，我得学会如何应对。我大部分关于危机的知识是从我的朋友隆达那里学到的。

隆达是一个生物学家。我一直很佩服她处理最棘手情况时的冷静。后来，她嫁给了一个带着两个孩子的男人。这足以让任何正常人白了头发，但隆达似乎从容自得。

她高效的办公室中唯一明显的变化是多了一张她爱人和孩子们的彩色照片。我采用了她高效的方式，直截了当地问："我是来问关于变化的问题的，我想知道人有没有可能不经历危机就做出改变。"

"好吧，我给你讲个故事吧。"

危机与幻觉

"我决定嫁给彼得的时候，"隆达开始说道，"所有的同事都问我，我的再婚家庭会不会影响我的工作。他们为什么会认为，一个管理着300万美元基金、14个年轻的实验室助理和150只正在衰老的小猎犬的科学家会管不了一个家、两个孩子和一个丈夫？"

"也许他们只是闲聊而已。"

"我觉得这是一种侮辱。我可不想被当成家庭主妇。我们从斐济回来的当天，我把整个日程安排得就像贝多芬的《第九交响曲》。这是一种艺术。"

"我相信。"

"男孩们坐在早餐桌旁，就像小提琴声部一样，用勺子舀着桂格燕麦片。彼得是第一大提琴，用他的牛排刀切着火腿片，演奏着第一大提琴协奏曲。在外面的车道上，旅行车像低音提琴一样哼鸣着，它加满了油，正准备舒适地驶向布莱恩的日托中心和伊森的蒙特梭利学校。"

"那你是什么乐器？"

"我是指挥，我的指挥棒正搅拌着咖啡。我记得我在想，这就像管实验室一样嘛，只要组织好就行了。然后我瞥向窗外，正好看到我们的猫'孟德尔'被车撞了！"

"被撞死了？"

"就像榨汁机里的葡萄一样。但你知道我脑子里闪过的第一个念头是啥？"

"不知道，是什么？"

"我想：**你不能现在死啊。我早上的日程里没有时间悲伤。**"

"太牛了！那你是怎么办的呢？"

"我整个崩溃了，这就是我做的。"

"我不信，隆达可不是遇到危机就垮了的类型。"

"你不觉得吗？那是因为你还不了解危机。那天早上不是一个危机。"

"这听起来肯定是一个危机啊。"

"头五分钟，我也觉得这是一场危机。然后我明白了：这不是一场危机，而是幻觉的终结。"

所以这就是关于通过危机进行改变的隆达第一启示：

它可能看起来像一场危机，但实际上只是幻觉的终结。

为保持不变而斗争

我能理解隆达的启示，但要说所有的危机都是某种幻觉的终结，有点让人难以置信。隆达理解我的难处。"每隔很长一段时间，"她说，"就会有一场真正的危机。"

"就像你的猫像葡萄一样被压扁吗？"

"不，那也只是一种幻觉。"

"我觉得压扁的猫不算是幻觉啊。"

"但它确实是。在尖叫声中，孟德尔从地下室跑上来，叫着要早餐的牛奶。"

"它在事故中幸存下来了？"

"它根本就**不在**事故里。我的幻觉已经蓄势待发，当我看着窗外时就想象着最糟糕的事。其实汽车只是碾过了一个足球。"

"所以幻觉结束了，你努力想要抓住它，却让它变得更糟，对吗？"

"一点没错，"隆达微笑着说，"比方说你的中年危机。你记得吗？你不再相信自己会长生不老、永远健康、永不发胖，对吗？"

我打了个寒噤。"最艰难的是十几岁的女孩为我开门的时候。"

"对于我来说，就是放下绝对称职的自我印象。"

"但你很称职啊，你是我知道的最能干的人了。"

"但不是**绝对**称职。你只是看到了我苦苦努力使之成为现实的幻觉。"

"好吧，"我说，"你的工作做得很好。"

"当然，我工作做得很好，我做得足够辛苦。我为什么那么做呢？是因为：

"当改变不可避免时，我们会尽力保持最看重的东西。"

幻觉只会帮倒忙

隆达的第二个启示已被证明比第一个更有用。每当我的客户面对改变苦苦挣扎的时候，我都可以从中发现他们最看重的东西。有时候，我甚至发现自己在挣扎，并对自己的价值观有所了解。面对隆达的启示，我也肯定苦苦挣扎来着，她也指出了这一点。

"杰瑞，对于这些发现，你不想面对的是什么？"

"承认我让我的客户相信他们需要我来做出改变。那是因为我担心，他们实际上并不需要我，我会失去他们。"

"正是。"

"这实在令人难以接受，隆达。我不喜欢这样看待自己。"

"当然不喜欢，但你没必要羞愧，这是自然的规律。我的小猎犬保护它们的小狗；你保护你的客户；我保护我的称职。"

"如果小猎犬都这么做了，为什么保护自己看重的东西这么糟糕呢？"

"这并不是出于任何道德上的理由，而是因为由此带来的麻烦。小猎犬有停止保护的意识，在小狗长大之后就不再保护它们了。但人可以制造幻觉，用来代替失去的现实。大多数真正的改变是一个缓慢的过程，衰老也一样。但是，如果建立幻觉来隐藏变化，我们很快就会发现，自己在用尽所有的能量来维持这个幻觉。这让我们不能在改变还很小的时候进行应对。正是幻觉的终结让我们相信，改变发生的时候就是危机。"

"那就是说，我们用来保持幻觉的能量让危机变得更糟？"

"没错，你可以说这是我的最后一个启示。"

当你建立一个幻觉来防止或减弱改变的时候，改变就更有可能发生，也更难以接受。

隆达的第三个启示适用于顾问可能使用的一切帮助客户应对改变的方法。不管使用什么方法，都要以坦诚、明确的方式进行。这是你能为客户提供的最好的服务，因为当困难的变化开始时，真相永远是稀缺品。

你也应当鼓励客户尽早面对真相。如果你真的想"保护"别人，那么永远不要让他们"免于"见到真相。真相可能会让人受伤，但幻觉会让人伤得更深。

第 10 章

遇到阻力怎么办

"你可以让水牛去任何地方，只要它们想去。"

——水牛的缰绳

就算给所有大改变的风险和小改变的陷阱都做了备用方案，顾问还是会遇到看起来根本不想改变的人。这些人有时候会有很好的理由。人们为了防止改变而做的事（他们的阻力）可能是彻底的蓄意破坏，也可能是更世故巧妙的方式，比如"帮帮我／不用你帮忙"之类的把戏。我很少看到的一种抗拒形式，是直截了当地说："不，谢谢，我不想改变。"

欣赏阻力

每个顾问都抱怨遇到了阻力，但如果你认为阻力是坏的，那就想想它的反面吧：如果客户丝毫不抗拒你的想法就太可怕了，因为这就把全部责任都押在了你必须永远正确上面。既然没有人是完美的，我们就需要阻力来测试自己的想法。所以，处理阻力的第一步就是欣赏它，正是它使顾问的工作变得更容易。

好在顾问面临的阻力是普遍的。所有成功的顾问都有一套应对阻力的工具，无论他们有没有意识到这一点。我使用的方法是彼得·布洛克工作的延伸，他写了《完美咨询》（*Flawless Consulting*）一书，这是所有顾问的必读之书。更多的细节可以去看那本书，但本章中我会讨论布洛克提出的主要步骤。

让阻力公开

阻力就像真菌，不会在阳光下茁壮成长。因此，一旦你怀疑有阻力存在，就应该让它公开见光，而不是在暗处溃烂。

你的反应

每当感到有人抗拒我的想法时，我的第一反应就是抗拒这种阻力。如果我不断重复自己说的话，或表现出某种诡异的行为，我的潜意识就已经发现了阻力并试图与它斗争。我的意识在搞清楚发生了什么事上会表现得慢一点，但是当它最终搞清楚的时候，我最可靠的阻力探测器就是对我自己行为的直接观察。

你应该熟悉自己的行为模式。一旦发现有什么不对头，遵循布朗的光辉遗产，听听音乐。注意非语言行为，它或具有防御性，或具有攻击性，这取决于你对阻力的看法。下面是你可能会发现自己在做的一些事情。

防御性行为：

- 远离；
- 看别处；
- 摇头否定；
- 交叉双臂或双腿；
- 过度微笑；
- 打哈欠。

进攻性行为：

- 用手指指；
- 向下看；
- 摇头肯定；
- 挥动拳头；
- 过度皱眉；
- 连续敲击。

只要注意到一种行为，我一般就可以探究内心，发现自己感觉无聊、恼火、烦躁或愤怒。有时候，我能直接发现这种感觉，而不是靠注意到任何不寻常的非语言行为。另一些时候，我的线索是我说话的方式——不是内容，而是形式。我经常发现自己在说"我"或"你"，而不是"我们"，或者用"家长式"的口吻说话。

他们的行为

我还可以通过其他人的非语言行为来感知阻力，但我发现这种技术用起来比较慢，也不太可靠，因为我没法了解他人的内心感受。

最后一招是听他们说话，但这是最不可靠的方法。很多人都善于在说话时隐瞒自己的抗拒，但有时我可以听出诸如下列的关键语句。

"我需要更多的细节。"

"你需要更多的细节。"

"现在还太早。"

"现在太晚了。"

"实际情况不是这么回事。"

"我对它有一套理论。"

"从来没试过这个。"

"这是老一套了。"

"我没问题。"

"我有太多的问题。"

我把它们列成一对对相互矛盾的话，不只是为了便于记忆，而是因为它们往往就是这样成对出现的。这就像抗拒的人在说："为了阻止这些变化，我什么话都肯说。"

自相矛盾也很普遍，所以即使我不去研究那些体现抗拒的特定词句，也能发现很多矛盾。有两种最常见的体现抗拒的语言线索，它们根本不需要你听具体的话。有时，在本应有回应的时刻却是长时间的沉默。有时则正好相反：一大段毫无意义的唠叨。

但也许最常见的抗拒表现是客户和我作对，说："事实上**我**没有问题，**你**才有问题。"这显然是矛盾了，因为是客户付钱请我来解决问题，又不是我请他。这很常见，因为它很有效，而它之所以有效，是因为有时候这句话是对的。有时候，顾问确实有问题。

我肯定有我的问题，有时会把这些问题反映到客户那里。这就是为什么下一个步骤如此关键。不管下面这个行为还会产生什么其他结果，它都可以把我的问题和他们的问题分离开来。

用中性的方式称呼阻力

为了不让我自己的问题添乱，我得找到一种**中性**的方式把问题摆在台面上。斯巴克斯说，指责别人只会使问题得不到解决，所以找替罪羊是行不通的。相反，我可能会说："我有麻烦了，因为话题一直在变。你能一次只说一件事吗？"我没有说**对方**一直在变换话题，也许是我在做什么事情所以没有注意。我没有指责，而是说出了**我的**问题。

如果一直用这种中性的说法，我就可以从回应中得出更准确的结论。如果客户没完没了地询问细节，我可以说："我相信不需要这个信息也可以进行下去，我建议先看看我们已有的东西。"这是我对事物看法的中性陈述，完全不同于说"你真的不需要这些信息"，因为这就变成了对客户需求的判断，而我根本不可能了解这种需求。

等待回应

用中性的方式称呼阻力是对**过程**做出评价，它会把讨论带到完全不同于发生阻力之处的一个层面上。但保持在这个中立的层面上对我来说是最难的部分，因为我必须闭嘴。我试图最多说两句话，然后就闭嘴。

我等。

我又等。

有时候还要再等。

等待对我来说很难，因为房间里一片沉寂的时候我就开始紧张。

但这对客户也是一样，而且我们在处理的是他们的问题，不是我的问题。最终我会走人，由他们去实施改变，所以我还不如让他们练习一下承担责任。只要我等的时间够长，他们早晚会这么做。

处理问题

有时，回应又引发了抗拒。在这种情况下，我只简单地重复这个过程，最终客户会开始解决真正的问题。不过，我有时候会被提问的客户缠住，虽然常常只是同一个问题变了一下说法。对那些对什么问题都有无数解答、迫切想要被理解的顾问来说，提问是一个控制他们的好办法。为了打破这种习惯，我会真诚地回答，但不超过三次。在那之后，我会把提问看作一种抗拒，然后以中性的方式说出来。我可能会说："我已经回答了三个问题，但我没看出来我们要朝哪个方向努力。"然后我就等。

通过用这种方式指出阻力，我实际上是在说："我们没有取得我认为本可以取得的进展，你怎么看？"当客户终于发表意见时，他们很可能会回答我暗示的问题，而不是我明确说出的。如果他们确实回答了，那我们就开始找出阻力背后的根源，客户可以和我一起做。

确定阻力的性质

找出阻力后，我常常会急于把事情纠正过来。大多数人对如何克服阻力有一套理论，但这些理论多半对顾问行不通。

水牛的故事

我举办了一个聚会，想把几个朋友介绍给莫顿。莫顿有一个约有200头水牛的牧场。我的客人包括高中数学老师杰克、一家公关公司的所有者兼经理莫娜，还有医院的高级系统分析师温迪。莫顿提供了主菜，但炭火生得比较慢。很快大家就开始抱怨这个抱怨那个。

"这个礼拜糟透了，"莫娜咆哮道，"我似乎没法让任何人和我一样努力工作，我甚至没法让人按时上班。下周我得重拳出击了！"

"你应该庆幸，你没当老师，"杰克说，"我想出击，可有那么多规则束缚着我，我不能强迫学生做任何事情。我真希望有那么一次，能拿棍子教训教训那几个懒孩子。"

温迪笑了。"至少你还**有点**权威。我是系统分析员，没有人听我的，更甭提照我说的做了。我们花了一年时间来建一个新的计算机系统，可医生和护士根本不瞧它一眼。要是让我主管医院哪怕一天，我都会**逼**他们用用。"

我能够体会他们的问题，可我不觉得他们能理解我的。我说："当个作家要更糟。温迪，至少你**人**还在那儿，所以你还有机会让医生和护士照你想的做。我写东西，然后发出去，之后就一点儿也控制不了了。要是人们不想看，就直接无视了。老天，要是我能强迫几个大人物看看它，我早就写出轰动的伟大作品了。"

就在这时，丹妮轻轻地提醒我，该把水牛肉汉堡摆上来了，所以我没有听到他们对**我**的霉运故事做何反应。不过，我倒挺高兴能够脱身，因为实在是听得越来越让人沮丧了。

水牛的缰绳

幸运的是，水牛肉汉堡的到来让我们把谈话的焦点转向了莫顿。"真是**好吃**，"莫娜说，一边用餐巾轻轻擦着下巴上的汉堡汁，"不过，我听说，圈养水牛真的很难啊。"

"是啊，"杰克补充道，"我是不是曾经在什么地方看到说，水牛不肯待在圈里，它们冲破铁丝网围栏就像冲破麻线一样？"

"不需要围栏，"莫顿回答，"只要用水牛缰绳就可以了。"

"我想我从来没见过水牛的缰绳，它肯定做得很结实吧？"

"根本就不需要做。"

杰克看起来比我更迷茫。"我恐怕没理解你的意思。"

"它不是做出来的，它是你**知道**的东西。"

好吧，我非常自豪自己知道很多东西，但对于水牛，我知之甚少。于是我问："那是啥？"

"嗯，如果要控制水牛，你得知道两件事情，只要两件事。

"第一，

"**你可以让水牛去任何地方，只要它们想去。**

"第二，

"**你可以让水牛不去任何地方，只要它们不想去。**"

"我想所有动物都是这样的吧？"温迪说，"但对于小动物就不那么重要了。它们只能被放在哪儿就待在哪儿，或者被牵到哪儿就去哪儿。"

温迪说得有道理，我想我可以把它写进一篇文章里。事实上，几天前刚刚发生了一件事，完美地说明了温迪关于小动物的看法。于是我讲出了下面这个故事。

狗的故事

丹妮和我到奥马哈去开一个主题为"沟通"的研讨会。为了休息好，我们前一晚在开研讨会的酒店开了个房间。不幸的是，就在我们钻进被窝时，隔壁的狗发出哀鸣，然后愤怒地狂吠起来。

作为爱狗的人，我们不能简单地无视这个可怜的小兽，它显然被遗弃在一个陌生的房间里了。我打电话到前台，说明了有关情况。

"您肯定是搞错了，"对方礼貌地答道，"我们不允许带狗进房间。"

"那就更糟糕了。"

"您觉得狗在哪个房间？"

"我不是**觉得**，我知道它在 206 房间。"

对方停了一下。"不，您肯定搞错了。206 房间没有人入住。"

"那就是有人混进来白住了，要么就是有狗被遗弃在那里了。"

"狗肯定是在外面，过几分钟它就走了。"

"能不能派人来 206 房间检查一下？求你了！"

"好吧好吧！等工程师忙完了我会让他去看的。"

我不知道工程师在忙什么，但过了半个小时他还没忙完。狗还在叫，我们还在听，所以我又打了个电话。对方再次承诺工程师会来，但什么都没有发生。

"他们似乎并不**想**相信我们，"丹妮琢磨着，"他们啥也不会做，除非你跑去大闹一通。"

"我要是光着身子出去，也许他们会注意一下，可外面太冷了。我要是穿好衣服，就再也睡不着了。"

"好吧，我是不知道怎么可以让他们来，除非我们有一个人去前台把他们的桌子砸了。"

"尤里卡！"我尖叫着从床上跳起来，虽然不像阿基米德那么湿，但一样赤身裸体。我打电话给前台。"我是 204 房间的温伯格先生。我打电话还是想说那条狗一直在叫。"

"我们已经有工程师检查过了，温伯格先生。206 房间没有狗。"

"好吧，它可能不是狗，但我听到有**什么东西**。它似乎在发狂。刚刚它还只是在叫，但现在我可以听到——"我停了一下，就像我是在听一样，"它在撕咬家具。"

"哦？真的在撕咬家具吗？"

"从墙的这一边听起来是这样……是的，我肯定可以听到疯狂撕扯的声音……"

"温伯格先生，我过几分钟再打电话给您。"

她没再打电话来，但 30 秒后我们就听到了狗被带出 206 房间的声音。

人的故事

"这当然说明了温迪的观点，"我讲完故事后杰克说道，"那条狗不想待在那儿，它要是和水牛一样大，早就把墙撞穿了。"

莫娜似乎若有所思。"我猜莫顿会在房间里留点什么，让狗喜欢待在那儿，比如玩具啦，或异性的狗。"

"这就是我的秘密，"莫顿说，"当然，我对狗的了解不如对水牛了解的多，但我想我可以找出让狗喜欢留在房间里的东西。"

"在我看来，"丹妮说，"这正是杰瑞对前台服务员做的。他根本就支不动她，直到他找到了她想要的东西。一旦做到了这一点，不到一分钟，一切就都解决了。"

"是啊，"杰克说，"杰瑞真是幸运。莫顿能和这么乖的动物在一起也很幸运。可惜，我的高中学生可不像水牛。要是只要让孩子们想学，你就能想教什么教什么的话，那上课就易如反掌了。可惜我能做的只是按部就班地讲校长想要的东西。谁有空去了解学生想学什么啊？"

"真是太对了！"莫娜说，"要是人们再在我的项目上努力点，我就有时间了解他们的需求了。可要是他们一点都不热心做公司的工作，我为他们考虑又有什么意义？"

"我最能体会了，"温迪说，"要是医生和护士明白他们不用我的系统我有多难过，知道我多么希望他们喜欢它、用它，也许我的工作就不会这么煎熬了。可我似乎没法让他们看到我的观点。"

不知道为什么，谈话又回到了令人沮丧的工作话题上，而我也无法抗拒地被卷进去了。"好吧，要是人们都像水牛一样，作家的日子就好过了。我要做的就是把我想说的和他们感兴趣的联系起来。但据我所知，很少有人对正确的事情感兴趣。要不然，他们看起我的书来还不得像你们狼吞虎咽那些水牛肉汉堡一样啊。"

莫顿点头表示同意，慢慢地转过头盯着我们每个人，先是杰克，再是莫娜，然后是温迪，最后直接看着我。"是啊，我真的很高兴我是在对付水牛。人啊，我从来都搞不懂。"

携手合作，探索根源

水牛的缰绳是处理阻力的关键。要是更在意我想要的，而不是客户想要的，我就不能成功地运用它。你觉得我应该明白对方更在意他们想要的，而不是我想要的，可我常常忘了这一点。也许水牛和人之间的差异就是水牛会吸取经验教训。

"阻力"就像顾问身上的标签，而客户身上的标签则是"安全"。人们做一件事，是因为他们觉得获得的比失去的更多。如果他们觉得余额是负的，就会抗拒。一般来说，这个余额是由很多因素组成的，一部分是收益，一部分是损失。在寻找阻力源头的时候，我和客户一起把两方面全列出来。我总是担心会提出客户原本没有想到的负面问题，但与客户合作的过程比列表本身更重要。

与客户合作可以把潜意识因素摆在阳光下。客户往往会高估那些没有明说的负面因素。最好的鬼故事作家从来不会把怪物描述得太明确，要是能把一个鬼看清楚的话，你就可以学习怎么适应它。当客户和我一起给一些潜在的损失起了名字并给出了清晰的描述之后，非理性的恐惧就消失了。

但我的客户忘掉的大部分因素都是正面的，甚至包括那些在我看来显而易见的因素。有时候，我认为的好处对客户来说并不重要；而另一些时候，客户会把一个好处看得比我能想象的还要重要得多。我对好处的看法并不重要。这就是我必须让它们公开的原因。

寻找并测试替代方法

揭示潜意识的阻力来源的一种很好的方式，就是测试一下替代方法有多大的吸引力。典型的试探问题也许包括下面这些。

- "你觉得我们把计划延长 6 个月怎么样？"

- "如果我们能想办法削减 30% 的成本，这个计划会更有吸引力吗？"

- "要是不新增人手会怎么样？"

- "要是我们不用计算机，全靠手工呢？"

- "如果只改变这个计划里的**一件事**，改变什么对你来说最为紧要？"

最后一个问题可以十分有力，但也有些客户深陷在"现实"里，不敢要他们认为不可能的东西。由于我们并不需要在这个阶段解决问题，而只是试图找出阻力的来源，因此，需要让客户摆脱这令人窒息的思路。有时候，我们用一个问题就达到了目的："如果仙女让你给这个计划许一个愿，你会许什么呢？"

引入明确的幻想元素，表示我们只是在玩一个游戏，似乎可以让大多数人从思路中走出来。不过有时候，意识思维会说："我就是什么也想不出来。"它真正的意思是："我的潜意识不希望你看到阻力的来源，因为它怕你会找到一个聪明的办法来克服它。"

有时我可以这样说来绕开潜意识的防线："我知道针对这个计划你想不出什么要改的，不过要是你想到了什么事，那会是什么呢？"至少有一半的时候，这个矛盾的提问可以直取问题的核心。它行得通是因为潜意识的语言就是矛盾。

如果客户无法找出阻力，另一个矛盾的办法是强调积极的一面，比如可以问："你最喜欢这个计划里的哪一点？"一旦有了答案，你就可以问："你其次最喜欢哪一点？"最后，计划中某些方面的欠缺就很明显了。

预防阻力

你也可以把整个重点从改变转向不变，也就是从客户希望发生什么转向客户**不希望**发生什么。比方说我会问这么个问题："我们开展这个计划的时候，有哪件事是你确定不要改的吗？"

如果我在开始滔滔不绝地介绍改变的计划之前能记得问这个问题，也许就能完全避免阻力了。事实上，要是当初我对客户理解得更深，摆脱阻力就只是去做我早就应该做的工作。因此，在阻力实际发生之前或之后都可以使用这个技巧。

减少不确定性

在上一个问题中，最重要的词是"确定"。大概百分之九十的阻力源于不确定性，这也很合理，因为我们是在谈论未来。没有人知道未来，客户在这个问题上通常比顾问更聪明。十分现实地看待风险的人是当不了顾问的。

由不确定性导致的阻力可以用降低风险的技巧来克服。这就是为什么延长计划对于焦虑的客户总是一种安慰，因为他们本能地知道时间将击破所有弱点。第一次提到给予更多的时间来实现改变的时候，所有参与者似乎都松了一口气，除了受到外部压力要定最后期限的那个人。

渴望有更多的时间，可能是对时间的特定需要，也可能是降低不确定性的普遍需要。通过减少不确定性，比如对于计划中细节的不确定性，我可以发现到底是哪一种情况。我的工作风格是如此地依赖直觉，这就导致客户常常觉得云山雾罩，不知道我在说什么。一个客户最近把我拉回了现实，他问："你说 30，是说 30 个人还是 30 万美元？"如果我的沟通就是这种水平的话，难怪他要抗拒。

在我清除了自己谈话中的模糊（这一点绝不可小视）之后，总是会残留一些无法去除的不确定性。如果剩下的这些客户还是受不了，我会考虑修改计划来为风险加上某种形式的保险。发展中国家的农业机构有时会提供这样的保险，以克服农民尝试新技术的普遍阻力。如果农民同意使用这种技术，机构会保证补足农民今年和去年的收入差额。如果今年收成比较好，盈余就由农民收着了。

保险的形式就是，"如果你害怕的事情变成现实，那我就会做出弥补"。替代的方法并不一定是金钱形式的。一个客户消除参与高风险项目的恐惧的办法，是给每个参与者一份书面保证，若项目被提前终止，则保证其获得特定职位。另一位客户给参与者发放了用于支付特定金额的公司付款培训的代金券，他们可以在任何时候将代金券用于他们想要的任何课程。这些工具都保证了即使项目不成功，参与者的个人损失也会小一些。

避让

最后，克服阻力最重要的一点就是避免僵持。这就是为什么我必须始终避免"抗拒阻力"。我可能赢了争论，但也可能把客户放在了一个把改变看作"失败"的位置。此时此地丢面子的风险，看起来总是比彼时彼地丢掉百万美元的风险要大一些。

对于我来说，丢面子的风险更糟糕，因为我的"面子"就是客户的生意，那风险之下的百万美元却不是我的钱。当一个计划在阻力中僵持的时候，有一半的可能性是我在僵持，而不是客户。这就是为什么我不断回头找出阻力的源头，就从我自己开始。

再者，我的目的是帮助客户解决问题，而不是展示我智商超群或意志坚强。作为一名顾问，我在客户的成功或失败中扮演的只是配角，所以我不能让自己充斥着浮夸的妄想。但即便如此，我还是会犯错误。

当绕不过阻力的时候，我尽量不把它当作是针对我的。要是认为阻力是针对我的，客户要么会继续抗拒，要么停下来取悦我，而这绝对是一个错误的理由。当僵局达到一定程度的时候，最好干脆放手，然后宣布："恐怕这事情对我来说太大了，我希望你能解决它，但我想不出别的什么能够帮到你了。"

每次我终于这样放手的时候，都是自己先抗拒了太长的时间。我怕自己会失去客户的尊重，但这种担心就和大多数阻力一样，都是非理性的。每次发生这种情况，客户对我的尊重反而增加，因为我展示了我已经强大到能够承认自己不是万能的。

最让我惊讶的是，只要我一放手，客户那边的阻力常常轰然坍塌。没有人推的时候，要抗拒是很难的。

第 11 章

推广你的服务

❝ 至少留出四分之一的时间什么都不做。❞

——营销第九定律

在最近的一次顾问研讨会上，我们谈着当初是怎么进入顾问这行的。马蒂说他原本在北卡罗来纳州做计算机程序员，他的老板决定把总部搬到费城。他不想搬家，但他们需要他的专业知识来维持好几个系统的正常运转。所以他们愿意付给他一样的工资，他每个月只需在费城待一个礼拜，剩下的时间全归他自己支配，于是他开始寻找其他的客户。

帕梅拉原本是纽约一家银行的培训师，为银行的客户举办金融讲座。这让她有机会向许多客户主管展示她的才华，于是就有几个人问她是否愿意帮助他们改进培训项目。后来她离开了银行，成了一名独立培训师和培训顾问，而她的前雇主是她最好的客户。

顾问是如何入行的

马蒂和帕梅拉的入行经历是很典型的，大多数顾问入行都出于偶然，而且大多数起步的时候都至少签好一个大客户了。至少从这一点来说，咨询是个独特的行业。你不会很偶然就开了一家精品店、修车行、餐厅或水疗中心。

开始做小生意的"正当"方式是先做市场调查，然后计划如何创造需求或满足现有的市场需求。因为大多数顾问是偶然入行的，第一个客户保证了他们的基本饭碗，他们很少考虑推销他们的服务，直到他们失去第一个客户。然后他们来找我，准备学习营销定律。

营销定律

合适的业务量

我做的第一件事是出了道题。

问：你怎么知道谁是老顾问，谁是新顾问？

答：新顾问抱怨业务不够，老顾问抱怨时间不够。

要么时间太多，生意太少，要么生意太多，时间太少，顾问就是这个命。这就得出了营销第一定律：

顾问有两种状态：状态 I（闲，Idle）或状态 B（忙，Busy）。

顾问可能有很多免费的午餐吃，但"刚好适量的业务"？没这回事。

我先给出这条定律，是因为不管哪个顾问都得有现实的营销目标。偶然入行的顾问可能暂时有恰到好处的业务量，这让他们对咨询行业产生了错觉。我从来没见过业务量一直都合适的顾问。如果你的目标是做个舒舒服服的生意，工作量刚好合你的意，那开一家鱼店或着参军都行。别干咨询了。

获得客户的最佳途径

为什么不可能让业务量刚刚好呢？从某方面来说，你现有的业务量部分决定了你会得到的业务量。当一个顾问问我，找新客户的最好方式是什么，我必须非常诚实地用营销第二定律来回答：

最好的找客户的方式是有客户。

不用说，他们对这回答不太满意，因为他们处在状态 I。要是已经有了客户，他们也不会来问营销的建议了，但这个时机刚好完全错了。寻找咨询业务的时机，应该是你有大量咨询业务的时候。

每个人都愿意跟着赢家。没有什么比真诚地拒绝额外的工作更好的营销手段了。因为顾问有很多时间处在状态 I，潜在客户会觉得大多数顾问太过渴望得到工作。如果他们碰巧遇到你处于状态 B 的时候，他们就会认为你肯定有过人之处。他们就会希望你成为他们的顾问，即使不能马上用你，有新的任务时也会第一个打电话给你。

曝光时间

因为最好的找客户的方式是有客户，富者愈富，贫者愈贫，所以许多穷顾问气馁了，退出了这一行。但是，大多数富顾问最终也犯了一个错误，让他们失去了状态 B，回到了状态 I。

一方面，他们在状态 B 的时候太忙了，忘了状态 B 是做营销的最佳时机。营销第三定律就是用来提醒他们的：

每个礼拜至少花一天时间来曝光自己。

处于状态 I 的顾问接受这条定律没啥问题，他们反正也没什么事情可做。但处于状态 B 的顾问太忙了。如果我真的让他们相信，有一天业务可能会减少，他们的反应是更努力地工作，存钱以应对艰难的时候。

他们没有意识到的是，曝光可以分为三种：付钱的、免费的，还有倒给钱的。广告就是付钱的曝光，个人顾问与此关系不大。我只认识一个独立的顾问能够从广告中赚回成本，他是在一个高度专业化的领域：评估旧商业客机。

唯一必要的广告是名片，这样人们会记住你的地址和电话号码。你可以在任何免费的曝光场合分发名片，比如加入的专业团体中，进行演讲的会场，乘坐的飞机上。如果你积极进取，保证每周花上一天来抛头露面，找出几个免费的机会应该毫无问题。

如果更有事业心，你会因为曝光而收到钱。如果你培养演讲技巧，许多组织会付钱让你演讲。如果你磨炼写作技巧，有几百个杂志都在渴求稿件，只是要记得让他们附上你的地址。如果你培养培训技能，可以举办研讨会，人们会付钱来学习你的能力。

许多顾问发现他们的宣传活动变成了主要的收入来源。即使没有做到这样，此类活动所提供的收入也往往和咨询收入的周期不同。我注意到，当咨询业务比较艰难的时候，我靠书收到的版税似乎有所上升。书也许就是穷人的顾问吧。

你有多重要

我必须承认，接受需要花费如此多的时间去曝光并非易事。我对于拒绝很敏感，如果去做市场推广，可能有人会说"不"。生意好时，我喜欢想象这是因为我人好，而不是因为我做了任何营销工作。我只需要继续做个好人，业务就会一直很好。

因为无法面对现实，我需要营销第四定律来提醒我：

客户对你总是比你对他们更重要。

我的有些客户是年营业额超过 10 亿美元的企业。如果他们给我价值 1 万美元的工作，我当然很感激，而他们甚至不会注意到这一点。

有一个大客户给丹妮开出的 4400 美元的账单付了两次款。在试了几次让对方相信他们真的付了两次款时，他们告诉丹妮，她把钱留下的话，对所有人都更方便。这家公司太大了，不愿意处理这样一笔小退款，但丹妮太小了，不能留下它。她在下一次账单中扣除了这笔钱。

我有个客户，在把我的咨询费从预算中砍掉的时候，真诚地告诉我，我是"他们用过的最好的顾问"。有些高层发话要削减 0.2% 的开支，没有哪笔开支比外部顾问费更容易砍了。只需要一封礼貌的信，或者时间紧迫的话，一个电话就够了。

我曾经因为我自己的表现之外的每一个可以想象的原因丢掉过"扎实"的合同。有个公司把我客户的业务搬到海外去了。另一个公司把经理调到海外去了，新经理带来了自己的顾问。有个公司中断了我的合同是因为全公司一刀切地砍掉了所有 5000 美元以下的合同（因为管理起来太麻烦）。我本可以提价的，可发现得太晚了。每次客户都表现出极大的遗憾，但没有谁比我自己更觉得遗憾。

换句话说，不管你的生意看起来如何稳固，你最好遵照平均每周花一天去曝光的定律。两个电话，或一封信，就能让你无法在四季酒店享受午餐，把你打回救济站。

大客户

我曾经真真切切地在一天里丢掉了三分之一的生意，就是两个电话、一封信。其他顾问遇到过更糟的情况，一个电话就丢掉了**所有的**业务。他们掉进了所有咨询陷阱中最常见的一个：让一个客户占到了业务中相当大的份额，丢掉了这个客户就活不下去了。所以，我总是建议顾问遵守营销第五定律：

永远不要让一个客户的业务占到总业务的四分之一以上。

陷入这种让一个客户主导的不健康状况有好几十种方式。一种方式是成为内部顾问，即成为该公司的员工。但即使是员工，相对于业务百分之百来自一个客户的外部顾问也有几个优势。他们有员工福利，也有比较公平的就业保障措施。即便如此，内部顾问也应当注意营销第五定律，不要让自己仅仅依赖于组织中的某个支持者。

有些顾问从一个客户起步之后，就再也不找其他客户了。我的朋友韦斯利本来有百分之五十的时间是对许多小客户收费，突然其中一个为他提供了一个为期两年的全职合同。收入翻番的前景蒙住了他的双眼，他没有在意两年之后合同到期，他就将无可避免地面临没有工作的境地。不出所料，韦斯利在他全职期间失去了所有其他的客户，最后不得不去找了一份工作。他再也没能回到咨询业。

阿诺德的经历更为典型。他有六个很好的客户，如果丢了一个的话，还有若干潜在的客户可以补充。但就在一个客户不再需要他的服务之后，另一个客户让他工作更多时间，他于是只有五个客户。几个月后，同样的事情发生了，他只剩下四个客户。最终，客户降到了三个。当给他带来百分之四十五收入的客户退出之后，他活不下去了。现在他在卖房子。

琳恩生存法则

如果阿诺德有较多的存款，他也许能撑足够长的时间，直到找到其他的客户。但像许多顾问一样，他没有存钱的习惯。大多数人可以用目前收入的四分之三一直支撑下去，这也就是为什么定律说一个客户的占比不要超过四分之一。但经济原因只是问题的一部分。

在阿诺德的客户越来越少的时候，每个客户都变得更关键。客户让他工作更长时间时，他知道应该拒绝，但他很害怕会完全失去这个客户的业务。一旦害怕对客户说"不"，你作为顾问的效用就丧失了，也失去了客户的尊重，这就提高了你最终丧失业务的概率。

正如我的朋友和顾问琳恩·格兰姆斯所说：

"作为顾问，为了能对自己说'是'，你要能对任何客户说'不'。"

这远比单纯的营销定律要重要得多。我把它叫作琳恩生存法则。

更多的营销定律

满意的客户

营销第五定律**不是**在告诫你把客户抛弃。恰恰相反，遵照它，更重要的是遵守琳恩生存法则，确保客户对你的尊重。

这种尊重是必不可少的，因为营销第六定律说的是：

最好的营销工具是满意的客户。

一方面，**如果**你干得不错，曾经的客户作为未来的潜在客户比全新的要强二十倍。当你试图把自己推销给新客户的时候，合适的证明人能把你获得合同的可能性提高两倍。这就是为什么我总是要求满意的客户同意我把他们列为证明人。

不过，让满意的客户为我推广，这种直接的证明实际上是最不重要的方式。客户 R 给我打电话，是因为另一个客户在一场橄榄球比赛中随口提到了我的名字。客户 S 来找我，是因为他七年前曾在另一家公司工作，当时我去做一个审查。他对我工作的方式印象深刻，现在他的部门也需要进行审查，他甚至从来没有考虑过找其他人。

丹妮有次通过双重间接介绍接了一个活儿。客户 T 给她业务是出于另一个顾问的推荐。这个顾问曾与她以前的客户一起工作，听到客户对她的工作大加赞赏，于是就毫不犹豫地把她的名字给了客户 T。

我以前对于为什么有这么多陌生人给我打电话困惑不已。近年来，我已经习惯于询问来电者是从哪里得知我的名字的。这帮助我了解营销（比如现在我百分之九十的业务都直接或间接地来自满意的客户），但同样重要的是，这也让我可以感谢推荐我的人。

赠送

但什么才是让客户满意的最好方式呢？虽然有几十种方式，但有几条规则经常被违反，以至于有必要把它们提升到营销定律的层面。

首先，你应当注意到，咨询是一种高风险业务。一个好点子可以让你富比石崇，可别人的另一个好点子就能让他点石成金，让你沦落街头。懦夫是没生意可做的。只要你失去了勇气，你就不再寻找新思路，不再试图绞尽脑汁来获得最大的回报。一旦就靠一个点子吃饭，那你作为顾问的日子就可以开始倒计时了。点子太容易被偷了。

自己单干的一个缺点就是你迟早得和律师打交道。大部分雇员用不着为了业务问题去见律师，可做独立顾问就不行了。你可能需要一段时间才能适应律师，但我比较幸运，我的姐姐夏洛特（马文的妻子）就是一名律师，所以我不用受法学院的罪就成了法律权威。

我必须是法律权威，因为别的顾问总是问我，是不是可以起诉偷自己的想法的客户。我总是解释，虽然他们可以想告谁就告谁，但把同样的资源投入到新点子上，回报比打官司上高一千倍。只有当创意枯竭的时候，诉讼才比较有吸引力。这在旁人看来很清楚，但要落在自己头上，想法被偷了，感觉可不好。我真心感觉被抢、被骗、被背叛了。这种愤怒的情绪毁了我不断创新的能力，所以打官司似乎是唯一合理的选择。

一个重要的客户复印了我整篇未发表的文章，然后印发了，根本没提我的名字。我咨询夏洛特时，她向我保证，这是一个准赢的诉讼，可要是去告一个好客户，我就太愚蠢了。

有时候，侵权不那么明显：有人复制了一则典故或一张图，也许改变了一些细节；有时候，就是把一个想法当作原创的来阐述和表达。即便如此，我的第一反应都是愤怒，我有冲动要去起诉这些混蛋。

我后来终于明白，我的愤怒其实是另一种东西的症状，那是一种强烈的无力感。我害怕自己已经失去了想出新思路的能力。我的反应不是去再产生一批新想法，而是想要抓住什么方法来保护过去想出的点子。简而言之，我已经失去了勇气。

我并不羞于承认，我有时会丧失勇气。要是你得不停地奔跑才能不倒退，有时候觉得跑累了并没有什么可羞耻的。每个顾问都会有那么一些时候需要面对想要停下来、躺在昔日的辉煌上的念头。每次产生这种念头，我都感到恐惧、愤怒，没法再产生新的想法。然后我休息一段时间，做点新鲜的事情，再返回战场。

我的生意是点子，不是官司。我最大的回报来自新的想法，而不是依赖已经完成的过去。我提醒自己，正如亚里士多德所说："这个世界上出现同样的想法，不是一次，也不是两次，而是无数次。"我的想法从一开始就不是完全原创的。我是从别人那里"借"来的，然后做了些微妙的修改。

过去的辉煌是未来的坟墓。与其等着被它们埋葬，不如试着遵守营销第七定律：

把最好的想法送人。

我尽一切可能鼓励我的客户接手我一直在做的工作。他们常常会直接将其归功于我，但即使他们不这样做，也会因为我的慷慨而喜爱我。这增加了他们将来给我新业务或把我推荐给别人的机会。

邓肯·海因斯的差异

不过，给客户太多也可能毁了你的生意。"二战"刚结束的时候，市面上出现了包装好的现成的蛋糕粉，我那时候在希尔曼超市与鲁迪和黄萝卜一起工作。我记得当时我从来不用给蛋糕粉补货。那些盒子就像黄萝卜一样，在货架上自顾自坐着，接受着尘封。

然后邓肯·海因斯出现了。他是个有名的餐厅评论家，他的名字似乎给蛋糕粉注入了魔力。就在其他品牌蛋糕粉上的灰尘越积越厚的时候，邓肯·海因斯的蛋糕粉却每天要补货两三次。家庭主妇为啥这么青睐餐厅评论家呢？

后来我才知道，邓肯·海因斯所做的，就是以一种所有竞争对手都忽视的方式来理解家庭主妇的心理。先前的蛋糕粉都强调方便简单：你只需要加点水烤一下就好，再简单不过了。但海因斯意识到这实际上有点过于简单了。只要加点水就好了，一般的家庭主妇会觉得这样有失自己作为家庭烘焙师的身份。这根本算不上真正的家庭烘焙。

于是邓肯·海因斯就把它变得困难了一点。用他的蛋糕粉，你还得加一个鸡蛋，一个腻嗒嗒、黏糊糊、滑溜溜、黄色加白色、货真价实、童叟无欺的鸡蛋！你瞧，一个蛋就奇迹般地让主妇参与到了蛋糕的制作中，光加点水可是做不到这一点的。当她在晚饭后把蛋糕端到全家人面前时，她就可以诚实地答道："是的，是我**自己**烤的！"

邓肯·海因斯发现的就是营销第八定律，也叫邓肯·海因斯的差异：

自己加个蛋之后味道更好。

这个造成巨大不同的"蛋"几乎可以是任何东西，只要是消费者自己加进去的。

人们已经把贺卡中的邓肯·海因斯的差异做到了如此程度，消费者需要贡献的就是一个**决定**。在贺卡的广告中，妈妈说："哇，汤米，这张卡完全是由你自己选的吗？专为我选的吗？"汤米双眼放光，就像那是他自己画的画、写的诗。他选了，所以这就是他的卡。

邓肯·海因斯的差异解释了为什么那些急需业务的顾问却常常把客户丢掉。一旦过于急切地推销自己，我就会努力为每个问题找出一个答案。我忘记了邓肯·海因斯的差异，扼杀了客户试图参与解决自己问题的尝试。如果我失败了，那我看起来很愚蠢，这已经够糟糕了；可如果我成功了，我就让客户感到自己很愚蠢，那就更没救了。

无为亦有为

好啦，我现在是在告诉你一套完整的营销建议，丹妮提醒我这直接违反了第八定律。所以，让我给你留下一个鸡蛋的空间吧——营销第九定律：

至少留出四分之一的时间什么都不做。

所谓"什么都不做"，意思是你不应该做任何向客户计费的工作，不应该出去曝光，也不应该做办公室的行政工作。你做别的事都是你自己的选择，是让你爱上我的建议的那个鸡蛋。

为什么啥都不做是一个重要的营销工具？下面是我给出的一些原因，当然你还可以加上自己的。

- 如果你的时间排得满满当当，你就没办法在突然出现新业务机会的时候抓住它。
- 虽然你不想对现有客户的每一个命令都立刻跳起来做出反应，但能够对真正的紧急事件迅速响应也是服务的一个重要方面。
- 不如意事常八九，比如遇上暴风雪或者摔断了腿。要是日程安排上一点余地都没有，这些就可能让你无法履行承诺。
- 你是你自己唯一的产品：要是没有休闲的时间来充电，你很快就会精疲力尽或者创意枯竭。不管是哪种情况，你都不会大卖。
- 练习什么也不做可以帮你学会不要给客户太多。

　　不过，你是否花得起那么多的时间"啥也不做"？如果你是内部员工，或者有很多员工帮你挣钱，那当然可以。可如果你给自己打工，那就没戏了，除非你能给自己的服务合理定价。

　　让我们做一个非常粗略的计算。如果你把 1/4 的时间用于营销，1/4 的时间用于用于休闲，你的计费时间只有实际时间的一半。我们接着算，假设你会把收入的差不多一半花在行政开支上，并且还需要留出 20% 作为应急储备，你的费率差不多应该是目标年薪的 5 倍。也就是说，如果想一年下来每小时净挣五美元，你的收费就得是每小时 25 美元。如果想每天挣 200 美元，你就要开 1000 美元的账单。

　　如果你觉得自己没法卖出 5 倍的价钱，那就是你入错行了。因为如果开价不到这个数，你早晚要关门。

为质量营销

　　好啦，下面是 9 个营销定律的回顾：

　　1. 顾问有两种状态：状态 I（闲，Idle）或状态 B（忙，Busy）。

　　2. 最好的找客户的方式是有客户。

　　3. 每个礼拜至少花一天时间来曝光自己。

　　4. 客户对你总是比你对他们更重要。

　　5. 永远不要让一个客户的业务占到总业务的四分之一以上。

　　6. 最好的营销工具是满意的客户。

7. 把最好的想法送人。

8. 自己加个蛋之后味道更好。

9. 至少留出 1/4 的时间什么都不做。

这些定律告诉你如何获得新客户，以及如何留住现有的客户。如果成功地运用这些定律，你就会忙不过来了：状态 B。有了生意，你就很可能营销做得不好，直到你回到状态 I。如果营销定律只有这些的话，你就危险了，就像不幸的西西弗斯永远要上上下下一样。

我的妹妹夏洛特经过多年的奋斗成为一名律师，接着成了一名成功的律师，然后成了状态 B 的律师。有一天，一位客户（一桩有利可图的离婚案中的丈夫）给了她一个共同财产的单子，并列出了财产是如何分割的。她看着这份单子，目光被这个东西吸引住了。

描述：欢乐牌洗洁精，中瓶装

现状：三分之一满

位置：厨房水槽下

归属：丈夫

在那一刻，夏洛特决定以后再也不接离婚案子了。

和夏洛特以及所有刚起步的人一样，我们一直有的一个假设就是营销是为了获得更多的业务。虽然对于新手来说确实如此，经验丰富的顾问却有着不同的看法，也就是营销第十定律所表达的：

为质量营销，而不是为数量。

我把它称为夏洛特定律，它比马文的医学头号秘密和其他九个营销定律加起来还要重要。不管你是律师、组织顾问还是技术专家，你最终不是达到状态 I，就是状态 B。如果你留在状态 I 太久，就得关门了。但你要是一直在状态 B，就会发现自己越来越有钱了，但对大多数有钱人来说，钱挺无聊的。

有那么一天，半满的欢乐牌洗洁精会把你从只为了挣更多的钱而营销的心思中拉出来。在那一刹那，你会问自己："我就只能干这个了吗？"在那一刻，你的营销问题将从"我怎么才能拉到更多的生意？"变成"我真的想做这玩意儿吗？"。

从那时起，距离"我怎么才能去做真正值得做的事情呢？"就只有一步之遥。尽管听起来有些奇怪，但比起让你富有，这些营销定律更能够让你快乐。

第 12 章

把价签贴在脑门上

> 如果他们对你的工作不满意，
> 就不要拿他们的钱。
>
> ——定价第五定律

奥斯卡·王尔德曾经说过，人们知道每件东西的价格，却根本不知道它们的价值。不过如今，情况还不如王尔德那时候呢。现在，人们甚至不知道自己的价格。或许有人知道，反正顾问们不知道。也许这世界上有顾问能毫不怀疑自己的开价是否合适，但我是没见过。

这个问题如此普遍，所以价格在针对顾问的书里是个不可或缺的话题。不过，要是直截了当地谈这个话题还有点风险，因为很多顾问觉得，一谈钱就显得自己俗了。当然，对于我而言，风险在于，一谈价格，可能书就没人看了。也许给一个诸如"期望时薪的五倍"之类机械的公式还过得去，但要是更多地谈定价建议，就显得格调太低。

不过，既然书已经写到这了，我觉得再担心格调低有点晚了。所以，给这本书包上个书皮再继续读吧，因为接下来的章节满是各种定律，都是关于那个最没有格调的话题的：咨询的价格。

印象和定价第一定律

如果你把自己标榜为世界上顶尖的权威，却只要最低工资，你给客户的信息就是矛盾的。他们要经历聘请外部顾问所带来的所有创伤，违背他们的直觉和自我满足的需要，最起码，他们想要让自己安心来提升自信，相信他们得到了最好的顾问。最好的顾问是绝无可能只要最低工资的。或者说，他们这么想是因为定价第一定律：

付给你的钱越多，对你的爱就越多。

在一定范围内，你要价越高，生意越多。当然，到头来价格太高会让客户没法聘用你。即使他们喜欢你，你也拿不到业务。你可以降低收费标准来拿到业务，但不要忘了，定价第一定律还有另一种表述方式：

付给你的钱越少，对你的尊重就越少。

偶尔我会做一些慈善工作，比如在大学演讲。比起那些付我双倍价钱的业务，这些免费的演讲总是需要双倍的精力，再加上 10 倍的麻烦。在演讲之前，学校至少有 3 个人给我打电话，就是为了详细介绍我在学校的时候该做什么，而且 3 个人的说法全不一样。当我终于搞清楚了自己的任务，要求负责人以书面形式确认细节时，这个确认总是到了最后一刻才来，而且无一例外地改了协议。多年来我已经相信，大学和其他非营利组织，就是用 2/3 的工作人员去保证另外 1/3 绝对不会接触到一丁点儿新鲜想法的病菌。作为外来者，我带着没有在这种无菌环境下消毒多年的想法，实在是相当危险。

相反，如果一个机构给了我非常高的价格，他们的联系人就不约而同地说："你想做什么就做什么，你给什么我们都很高兴。"因为价格是如此之高，我的客户相信我最了解他们应该得到什么。而且显然我是个重要的人物，所以一切细节的安排都干净利索。

这些观察结果表明，价格是一个重要的筛选器，而且一般来说都是这样。如果你觉得自己配得上你的要价，潜在的客户却告诉你太贵了，那你就可以肯定，如果屈就了他们的价格，他们也不会尊重你。但问题还不止这些：因为这些潜在客户不觉得你配得上你的价格，他们会用计划好的琐碎工作来填满你的时间。你来的时候，对你的冷淡接待本身就够让人失望了，但更重要的是，这一般意味着你说啥客户也不会照做。所以在某种意义上，这些潜在客户是对的：你确实**不值多少钱**——对他们来说。这就是你不应该为不愿意付常规价格的客户工作的原因。

不只是钱：定价第二定律

假如要为一个确实没有任何可能满足你收费标准的机构工作，不要因为第一定律而泄气，你仍然可以通过设置适当的价格让客户尊重你。你要记住的是定价第二定律：

钱一般是价格中最小的一部分。

第二定律对**内部**顾问特别重要，这能让拿固定工资的员工得到与价格高昂的外部权威人士一样的尊重。

如果你研究一下客户使用你的服务的总"成本"，就会发现，除了钱还有很多其他的成本。有承认问题存在的心理成本，获得批准你来访所需的人力，改变进度计划的困难，安排人员和你见面的时间和麻烦，以及在你走后客户可能要做的所有额外工作。

让客户付出一些对**他们**有价值的东西，即使没有付给你，你也实际上提高了价格。如果他们付出了一些东西才把你请来，你来的时候他们就会更加关注你。这件事的另一面是，你可能会在不经意间让价格超出了客户愿意支付的范围，尽管转手的钱并没有多少。

另类报酬: 定价第三定律

知道了价格不只是金钱, 你就可以用各种方法来提高报酬而不增加客户的成本。作为作家, 我经常可以靠卖自己的书来增加拜访客户的收入。作为顾问, 我有时可以使用一些服务, 如安排联系这一地区的潜在客户、计算服务或使用图书馆。这些好处中有很多也可为内部顾问所享受, 对拿固定工资的人来说特别有意义。

作为旅行者, 我经常可以到我一直想去的地方免费旅行。当可以安排一天休假或是周末的时候, 我经常让客户带我到周围观光。我们都非常开心, 这增进了彼此的关系, 我也从中学到了一些地理知识。大学里的工作人员特别擅长此道, 他们通常会安排几个研究生带你四处玩。研究生是一个比教授更有意思的群体, 一般都知道哪里最好玩。

如果你计划得好, 拜访一所大学可以对专业工作大有裨益, 远远超过金钱所带来的好处。如果计划得不好, 那你就只是被利用了, 你拥有的每一点知识都被榨干, 你却丝毫不受尊重或干脆没人搭理, 然后被弃之一旁, 自己琢磨怎么去机场, 然后抱怨再也不来大学了。

我把咨询看作有偿受教育的一种方式, 这样说来, 还有什么比大学更好呢? 通过拜访那些优秀人士, 我得到了大学所能提供的最好的东西, 而且没有多余的行李。有意思的是, 大多数人把这类访问看成额外的好处, 而不是额外的成本, 这说明了定价第三定律:

定价不是一个零和游戏。

换句话说, 我的收益未必是对方的损失。通过寻找对双方都有利的条件, 我可以降低实际价格, 而不有损我在他们眼中的形象, 从而打破了收钱少就会不受尊重的定律。比如，大学有时可以提供一批我可以测试新材料的专门听众。我把这样的听众看作实验对象，他们则觉得自己是在拓宽视野。

有时候，客户可以成为实际意义上的实验对象，比如参与我进行的调查。当他们不付给我通常收取的费用时，我觉得有理由让他们成为实验对象，尽管即使是支付我全额费用的人通常也非常乐于参加实验。事实上，我甚至可以在客户支付全额费用的咨询中加入所有这些额外的"好处"。他们请到我已经非常高兴，我说什么，他们都二话不说照做。再说，这些对他们也有额外的好处。

对钱的需求和定价第四定律

所有这些都表明，要正确定价，首先得知道打算用这些钱做什么。大多数人在设定价格时想的是谋生。这是一个很大的错误，违反了定价第四定律：

如果你需要这份钱，就别接这个活儿。

为什么呢？如果急需要钱，你可能会把价格定得太高，好捞一票，还清欠款。或者，你可能把价格定得太低，希望能通过低价竞得这份工作。这两种做法都会破坏价格作为一种工具在你的咨询中起到的效力。

不管什么情况，如果真的急需这份工作，你很可能就得不到，因为你和客户谈判的时候，焦虑会流露出来。客户可能会认为这么急需业务的顾问肯定不是太好，这种想法可能还是有些道理的。不要自欺欺人，这总会表现出来的，不信就随便找个房地产代理问问好了。你的客户可能说不清楚到底哪里觉得不舒服，除了说你看起来不太可信，或者你看起来不是非常权威。但是，客户永远都看得出来。

就算你真的成交了，情况也不会变好。假设你报价太高，希望大赚一笔，就可能会夸大你将要提供的服务。要是"贱卖"了服务，也解决不了你的财务问题。等到下一次，你的麻烦还会多得多。

费用作为反馈：定价第五定律

如果你急需业务，最好的办法可能就是免费提供服务。坦率地说，你自己刚起步，有很多东西需要学习，所以你不想隐瞒什么。有些客户会欣赏这种坦诚并给你一个机会。

另一种可能的做法是，客户对你的工作完全满意后才付钱。我一直都用这个策略，尽管我用更积极的方式表达它。每次工作时，我都说在工作完成之后，如果客户觉得不值这个价钱，就可以把钱拿回去。

如果你真的缺钱用，采用这种视情况而定的收费方式就比较难。我说的是真心做出这样的报价很难。你会倾向于不提这样的保证，但如果你真诚地提出来，就能够给客户一定的信心。

更重要的是，你会激发对方对自己的信心。工作完成后，如果客户不要求你退款，你就知道自己的表现肯定达到了最低标准。如果你的合同谈得好，而且活儿干得也不错，你应该会得到关于自己表现的一些直接反馈。但这种视情况而定的收费方式，在某些残酷的现实情况下，给你的反馈力度将远胜于任何你可能设计的评估表收到的反馈。就算没有别的理由，就冲这一点，我也会赞同定价第五定律：

如果他们对你的工作不满意，就不要拿他们的钱。

特殊效果费用与定价第六定律

价格不只是金钱，但反过来说也是对的：

金钱不只是价格。

定价第六定律意味着，你可以用金钱来创造在咨询业成功所需的条件。比如，如果客户要我预留某个日期，我可能会要求他们支付一笔不可退还的费用，以弥补他们可能改变主意时给我造成的损失。这样的费用也迫使客户更仔细地考虑合同，并尊重我的时间价值。

如果我第一次面对面访谈是在很久以后，客户也许在我上门之前不会做任何准备。为了解决这个问题，我可以设置一个提前付款的条款，这通常可以激励他们开始工作。一旦付了费，人们就觉得这个工作已经开始了，他们也更容易认真按我的建议行事。

如果客户要求我做一个我不确定自己能否胜任的工作，我可能会分阶段收费。这给我们双方留下了在项目进行中撤出的退路，而不用把这种撤出看作失败。项目的第一阶段可能差不多占总成本的百分之五，之后我们会根据已经完成的部分来考虑下一步应该做什么。设置分阶段费用实际上是告诉客户，我不太确定自己是否理解了问题。在这种情况下，第一阶段常常就是把问题定义清楚。大多数客户都能理解，如果我不知道问题是什么，就没办法报价。

谈判和定价第七定律

我们已经看到，定价不是你可以一个人闷头完成的事情，但定价第七定律把这一点说得更为明确：

价格不是一件物品，而是谈判达成的关系。

对几乎任何顾问来说，投资几美元买一本好的谈判书可以得到百倍以上的回报。对我来说，把买书和谈合同的任务都交给我的业务经理朱迪可以获得更多回报。朱迪天生就比我更善于谈判。更重要的是，她擅长给我提供的服务标上更高的价。这对我的客户来说是一种自信，顺便说一下，比起我自己能坦然要求的价格，她为我多挣了10%到20%。

让朱迪进行洽谈也意味着所有的协议都被一丝不苟地记录下来并发给了客户。这种做法可以防止误解。在代表自己谈判时，我会忘记写下来并以书面形式跟进。朱迪从来没有忘记过，她的勤奋为我省去了无数麻烦和误解。

通过朱迪来谈判也让我对于费用的感觉和观念更加明确。当有人给我新的工作时，朱迪会和我坐下来讨论如何收费。这个过程迫使我把想法说出来，也迫使我多花一点时间考虑，免得做出将来后悔不迭的仓促决定。

最小遗憾原则：定价第八定律

通过与朱迪讨论，我得出了一个原则，我现在用它来确定所有新情景下的收费。我把这个定价第八定律称为我的最小遗憾原则：

设定的价格应该让你不论谈没谈成都不后悔。

确定费用以后，有两种可能性：一种是客户接受它，我会做这项工作并收到这笔钱；另一种是客户拒绝它，我不会做这项工作，也不会收到钱。第八定律说的是，我设定的价格应该是不论结果如何，我的感觉都差不多。

要应用第八定律，我必须了解自己对于金钱、时间、旅行和各种工作的感受。比如，假设客户提出一个问题，我不太感兴趣。再假设我最近解决了一个类似的问题，收了5000美元。我记得，在上一份工作中，我感到相当无聊，后悔接了它。

基于这些记忆，我就可能把眼前这份工作的价格定到7500美元。如果客户接受了，到了我觉得厌烦的时候，我可以对自己说："好吧，至少我多拿了2500美元。这意味着我干完了以后可以歇上几天，所以还算值吧。"如果客户拒绝了我的报价，我也可以安慰自己："好吧，我真要是降价接了这个活儿，还没干完我就得后悔。"

每当遭到拒绝并后悔价格开高了之后，我都会记得下次接类似的工作时要把价格稍微降低一点。但要是我被拒绝了之后并不后悔，那我就让价格保持不变。到最后，我对特定类型的工作就有了稳定的报价，达到这个价格我很乐意工作，低于这个价格我就不高兴了。

当然，我定价格的时候，总是要避免破坏它作为有效的咨询工具的作用。不管我多么想要一份工作，都不会把价格降到客户会尊重我并听我话的水平以下。我知道，如果我做了工作却没多少效果，不管收多少钱，我都会后悔。同样，如果收费太高，我也会不开心，因为我会觉得提供的服务配不上收的钱。过高的价格可能会让我过于努力地去追求根本达不到的结果。这会破坏我的咨询效果，如果我的服务效果不好，我也会不开心。

费用是一种感觉：定价第九定律

前面一节可能听起来分析太多了，但我并没有用任何特别的分析方法来达成这种平衡。我只是列出几个价格范围，然后想象一下被客户拒绝后自己坐在家里，以及客户同意后自己开始工作的情景。想到每种情景的时候，我会注意自己的感受。我发现这种想象特别可靠，能让我知道在实际情况中会产生的感受。我找一个在各方面都感觉最好的点，价格就定在这里了。

如果这个过程听起来太模糊，你可能需要重新看一下定价的定律：

1. 付给你的钱越多，对你的爱就越多。付给你的钱越少，对你的尊重就越少。

2. 钱一般是价格中最小的一部分。

3. 定价不是一个零和游戏。

4. 如果你需要这份钱，就别接这个活儿。

5. 如果他们对你的工作不满意，就不要拿他们的钱。

6.金钱不只是价格。

7.价格不是一件物品，而是谈判达成的关系。

8.设定的价格应该让你不论谈没谈成都不后悔。

如果你仔细看看这些定律，就会发现，它们不谈论理性，只谈情感。换句话说，在这些定价定律的背后，有一条定价第九定律：

所有价格最终都是基于感觉的，你的感觉，还有他们的。

注意其他的感受也很重要，比如客户感觉自己的需求有多强烈，以及他们觉得能付多少钱。尤其重要的是要了解他们觉得你值多少钱。但最重要的是，你觉得自己值多少钱。

就顾问来说，王尔德错了。顾问谈价时有这么多问题，是因为他们太清楚自己有几斤几两了。或者，他们暗自害怕自己知道。所以，如果你在给自己标价时遇到了困难，就好好审视一下你内心深处的自我价值感。你可能没有你希望的那么值钱。反过来，你也可能比你害怕知道的身价要高得多。

第 13 章

怎样赢得信任

> 66 除了你自己，没人在乎
> 你让别人失望的理由。99
> ——信任第一定律

定价定律告诉我们，价格决定工作条件，但一般并不决定你是否能得到这份工作。顾问不是日用品。一个猪肚和另一个猪肚可能都差不多，但顾问之间的差异决定了谁能得到工作，以及谁能保住工作。有些人认为最聪明的顾问能获得最多的工作，但也有很多反例。

印象与信任第一定律

拿福勒的例子来说吧，他是一个超级聪明的顾问，不过让他履行承诺却有点困难。我们有一些共同的客户，所以偶尔我还会因为他不可靠的行为而担上责任。在一次特别糟糕的事件之后，我当面质问他为什么这么不靠谱。他答应过下一次会好的，但我拒绝接受他的说法。"难道你不相信我吗？"他问道。

"老实说，不相信，"我回答道，"我为什么要相信？你已经骗了我这么多次。"

"但是我**从来**没有对你撒谎啊，只是发生了意想不到的事情，所以我交不出答应过的东西。"

"好吧，我可以接受，所以你不是骗子。"

"那你会相信我了？"

"没门！你是骗人还是无能，还是只是太倒霉，关我什么事儿？我还是没法相信你能把说好的东西交出哪怕一半。"

价格与信任

福勒是个好人，也是个有能力的顾问。很多时候，一起工作对我们俩都有好处。但每次他一出岔子，给我带来的损失比他干好二十次带给我的好处还要多。甚至就算他做得好，我脑子里也没法消除对失败的恐惧。和福勒一起工作，我有一种无力保护自己的脆弱感。这就是我结束了我们之间伙伴关系的原因。

类似的事情也经常发生在客户和顾问之间的关系上。根据舍比定律，人们请顾问的时候常常感到无力和易受伤，首先得确保顾问不会伤害自己。正在找业务的顾问应该少想价格，多学习信任。

解释的价值

回头看看我们的关系，我真的相信，福勒永远都不会理解为什么我不相信他。事实上，他花了这么多时间试图说服我承认他不是骗子，但这件事本身就告诉我，他从来都不理解他是不是在说谎对我一点意义都没有。当然，这对福勒本人很重要：无能的标签只是在鄙视他的能力，但说他是个骗子则是在攻击他的人品。此外，福勒并没有真的觉得自己无能，他觉得自己是个踏实诚信的好人，只是遇上了太多的骗子、无能的人和霉运罢了。

对与信任有关的问题，尤其是对别人为什么不信任他们感到困惑的人并不少见。信任有一种定义是这样的："对一个人的**诚信**或**能力**的坚定信心。"因为这个词把两个不同方面的信赖混在了一起，要解释"我不信任你"就变得很困难。它可能说的是"你的**人品**靠不住"，也可能意味着"你的**能力**靠不住"。但不管怎么说，它意味着"我觉得你靠不住"。

为了让别人能够有效地与我合作，他们需要一个我能做什么和不能做什么的印象。如果这个印象不准确，工作也不会顺利。这对我的**自我**印象也同样适用，只有一个重要的区别。如果我和某个人合不来，我们就没必要再一起工作，但我这辈子都得和我自己以及我的自我印象待在一起。我可能是个混蛋，但我也只有我这么个混蛋了。这就是为什么维护良好的自我形象如此重要，哪怕牺牲了真相，也在所不惜。这也就是为什么我每次让别人失望时，我都迫切地想要解释。

对我来说，这种需要解释的感觉，就像我是为了别人好，帮助他们形成一个对我的准确印象。这就是为什么信任第一定律表达的思想如此难以让人接受：

除了你自己，没人在乎你让别人失望的理由。

别人可以按照自己的意愿形成对你的各种印象，源自你的行为，而不是话语。

公平和信任第二定律

每次顾问做出了反复无常的行为，客户"坚定信心"就会少一分。多年来，一旦我做出了在客户看来不可靠的行为，一般情况下我都会丢了生意。远在想明白为什么是这样之前，我已经从痛苦的经历中学会了信任第二定律：

信任需要多年才能赢得，但只需一瞬间就可失去。

　　没有再次证明自己值得信赖的机会，尤其是我有如此完美的让客户失望的理由，这在我看来似乎一点都不公平。最后我意识到，当我自己身处客户的位置时也会做同样的事。如果你觉得自己不会这样，想象一下把钱放在一个宣称"我们只破产过一次"的银行里，或是重新雇用一个只抢过你一次的员工。

　　客户可能会因为顾问的行为损失金钱、失去工作或损失自己的声誉。轻易就不再信任你，这是客户提高顾问风险的本能方式，只有这样才能和他们自己承担的风险相配。知道了这一点，顾问就有很大的动力不犯错误，无论是能力方面还是诚信方面。

失去的信任与信任第三定律

　　虽然客户永远不会听你不可靠的理由，但你因为没注意听客户讲话也会被认为不可靠。我有一个客户杜威，他和我说不要采访他的员工弗兰。当时，我只顾着自己想要做的事情，所以没特别在意杜威的叮嘱。我毫无恶意地采访了弗兰，杜威推断我肯定是在他的公司里"偷偷摸摸"。在杜威看来，我是不诚实的。从我自己来说，我是个不称职的听众。

　　多年之后，我偶然得知了杜威的推理方法。我并没有直接了解这件事的原因是杜威再也没有请我回到他公司，也从来没有告诉我为什么。他的行为完全符合信任第三定律：

　　人们不再信任你的时候不会告诉你。

　　说到底，既然客户不信任你，他们为什么要费劲告诉你呢？

客户不愿意沟通，使得顾问很难纠正在客户看来不可信的行为。如果顾问像我一样，问题在于没有仔细聆听，那么要纠正就更加困难。自那时起，我采取了一些步骤，以确保自己听到客户说了什么。首先，我努力提高自己的聆听技巧，包括语言和非语言的方面。第二，只要有可能，我就与搭档一起工作，这样我们中至少有一个人可以全神贯注地聆听问题。第三，我总是提前约好一次后续面谈，以便客户能对我的表现发表意见。

花招和信任第四定律

那要是我听了杜威的叮嘱，却仍想采访弗兰呢？我可能会用间接的手段，或许设计与弗兰偶然相遇。要是杜威发现我见了弗兰，这就给了我一个借口，如果他还愿意问我的借口的话。更可能的是，他什么也不说，直接得出这样的结论：我是一个狡猾的人（结果还是正确的），他不应该信任我。我会丢掉他的生意，然后一直不明白为什么，因为他永远不会解释。

和大多数人一样，我一直都知道信任是人际交往的重中之重，所以多年来我都在寻找让人相信的秘诀。每次接到新的咨询任务之前，我会搞出一套复杂的计划以操纵客户对我的感觉，但似乎哪个也不奏效。最后，我已经到了再也想不出什么新点子的地步，于是我问丹妮，她有没有关于获取信任的绝招。"当然，"她说，"试试坦诚直接吧。"

霎时间，我的苦苦搜寻结束了，丹妮给了我获得信任的唯一一技巧，这是信任第四定律：

赢得信任的技巧就是避免所有的花招。

如果用了丹妮的"绝招"，我会用我能做到的最坦率的方式来直面杜威的禁令。我可能会告诉杜威："你请我来尽可能地研究你的组织，所以我对于可能降低效果的限制有所顾虑。我相信你有充足的理由禁止我采访弗兰，如果你可以告诉我的话，会对我很有帮助。"

我接下来会做什么取决于杜威的答复。在最近的两次任务中，我被禁止见某些人的原因几乎截然相反，但直率的方式都奏效了。让我一个一个来讨论。

第一个案例中，老板罗纳德回答说："迈克忙着做那些超级重要的工作，没时间和你见面。要是现在他停下一小时，我们的项目就完蛋了。"

"唔，"我对罗纳德说，"如果迈克的工作确实是非常关键的，我能明白为什么你对我占用他的时间显得如此紧张。不过先不说采不采访麦克，我觉得我们应当讨论一下为什么你会面临这样的处境。毕竟，就算我不采访麦克，他也可能会感冒，要提前一小时回家，是不是你的整个项目就真的要崩溃了？"

在第二个案例中，另一个老板雪莉告诉我："保罗这人特别消极。如果你听他讲，你的印象就会是，我所做的一切都是错的。"

我回答说："雪莉，我认识这样的人，你说得对，他们会败坏整个组织。不过我不明白，要是他完全消极的话，你为什么还让保罗留在这里糟蹋你的公司呢？也许我们应该看看为什么你还没开了他？"

尽管情形似乎完全相反，我的两个回复都用了同样的方法：重点不再放在第三方，转而放在管理者的理由上。为什么呢？首先，禁止什么东西是一种非常强烈的行为，表明老板和这名员工之间有某种强烈的感觉。其次，如果我不明白客户的理由，我**不管做什么**都显得反复无常。如果我对一件涉及强烈感觉的事情表现得反复无常，肯定会破坏客户对我的信任。

把深藏的感觉坦诚地拿出来，是我能够增进信任的最直接的方法。在这两个例子中，它都让我得以迅速找到该组织最重要的问题。

谁在说谎？信任第五定律

请注意，在两个例子中，我都很小心地不去同意经理对于事实的评价。我可以同意"如果是这样，我能明白你为什么有这样的感觉"，但我必须暂停对事实的判断，因为到目前为止我只听了经理的一面之词。信任的一半是基于我的诚实，但另一半是基于我的**能力**。如果我把未经证实的观点作为事实，我永远都成不了值得信赖的顾问，即使我和美国国父一样诚实也没用。

虽然不同意客户的观点，但我必须表明我相信他们的**诚实**，即使我必须对他们明辨是非的能力持保留态度，我也会自己把事实搞错，所以预期别人也会搞错是合理的。即使他们确定某些事实，大多数人能够接受你作为顾问和局外人，也需要你自己去找出来。如果他们强烈抵制这种完全合理的想法，那么他们的抗拒本身就是一个重要的事实，你应该在进行下一步之前加以考查。为什么呢？因为他们可能是在撒谎吗？但这不是不信任他们的诚实吗？

我曾经以为，客户给了我错误事实就是在撒谎。我还很年轻的时候，甚至犯过指责客户撒谎的错误，任何有效果的咨询关系都到此为止。现在我明白很少有人对顾问撒谎。他们可能故意提供不正确的事实，但他们从来不认为自己在撒谎，这就引出了信任第五定律：

人是绝不会撒谎的——在他自己眼中。

当我发现有人给了我错误的事实而加以质疑时，对方通常会告诉我类似于下面的话。

- "我以为如果简化一下更容易给你解释。"
- "我觉得让你去调查这个问题会惹出麻烦，所以我把它跳过了。"
- "我知道这无关紧要，所以干脆略过去，免得搞得你一头雾水。"

这些行为，如简化、带过或省略，都不被认为是谎言。我在给面对复杂情况的人展示数据的时候也会用类似的方式，理由是这将帮助他们减少要处理的数据量。我对这种情况是很坦诚的，如果客户想了解更多信息，他们随时可以要。

我并不想让人们免受改变的影响，虽然违反了隆达的第三个启示，但这只是让他们免受信息过量的影响。有时我会犯错误，未能给出需要的信息，但我意识到，给人太多的信息，从而导致错过了要点，也一样不对。我当然不认为自己在说谎，所以如果有人指责我说谎，我就不再信任这个人。我觉得客户也会做出同样的反应。

保护和信任第六定律

我始终相信客户在说实话，以他们的角度，以及他们觉得有助于我的方式。我信任客户诚实，但我并不一定信任他们的能力。换句话说，信任第六定律是基于发牌员的选择：

永远信任你的客户，不过要自己切牌。

潘多拉的疹子说的是，当你刚刚接触客户的时候，沟通并不会像你想的那么好。经验告诉我，最起码早期的沟通是不可靠的，所以你需要保护自己免受沟通失败的影响。

"切牌"解决了客户的错误（或者我倾听时的错误），但要是客户真的在撒谎呢？要是他们真的想误导我呢？因为我从来不依赖于单个人来给我一个复杂局面的真相，全部的真相，货真价实的真相，撒谎并不是什么问题。我经常从几个不同的方向来检验所有重要的事实，除非整个组织都在撒谎，我一般总是能到最后看到真实的情况。

如果我最后的印象似乎和某个人告诉我的内容不符，我总是试图找到那个人说："在我的笔记里，我记得你说这样这样，但是我从其他来源发现是那样那样。你可以帮忙看看这个不同吗？"也许我的联系人真的是在撒谎，但更可能的是我误解了他的意思，或有人误解了我的问题。由于客户和顾问之间的信任是如此重要，除非我有非常确凿的根据，否则我不希望不信任任何人。我可能会判定某个特定客户提供信息的能力不怎么可靠，但这和不信任别人的人品完全是两码事。

诚实和信任第七定律

顾问面临的最困难的陷阱之一就是客户要求你做一些不诚实的事情。若干年前，一个名叫蒂姆的经理让我准备一份经过审查的检查报告，它将被作为完整报告展示给员工。我回答说，我的工作是给他一份完整、诚实的报告，他的工作是分发报告中任何他认为合适的部分。蒂姆原则上同意，但问我是否愿意帮他一个忙来做这份编辑后的报告，他说不然的话，他怕打字员们会泄露真实的报告。这一请求似乎十分无辜，但我再次拒绝了。

蒂姆对我非常生气，我敢肯定我以后再也不会有他的业务了。不过一年之后，他又打电话让我再做一个检查。我决定正视这个问题，并提醒他上次见面的时候他可是对我大发雷霆。

"是啊，我当时真的气晕了，"蒂姆毫不掩饰，"我们付给你那么多钱，你居然不帮我这么一个小忙。在你走之前，我气得根本听不进你说的话。后来我平静下来，意识到你说的是对的。"

不对客户说谎的一个很大好处在于一般用不着记住自己说过什么么。可这一次我真希望我还记得。"真不好意思这么说，但我真的想不起来我说了什么了。"

蒂姆笑了。"我想这对我比对你更重要吧。你告诉我你的任务是生产信息，不是包装它。你说要是给同一个信息做很多份不同的报告，你很快就会晕了。"

"我想起来了，"我说，"我说愿意退还一部分费用来让你从外面请人改报告。"

"是的，我一开始真的是气炸了。不过过了一阵子，我发现你给我了一个机会，让我看到自己公司和我本人身上一件重要的事情。要是我都不敢把机密报告托付给自己的文员，那问题就比这个报告大得多了。我好好反省了一下，我是太多疑了。"

这个故事的寓意我一直记得，就是信任第七定律：

就算客户要求，也永远不要不诚实。

如果你拒绝这样的请求，客户可能会记得你不肯合作。但如果你对不诚实的请求妥协了，人家就永远记得你不可信。如果你表现出对你的信任只能限于不涉及什么重要东西的情况，那就没有什么能比这更快地让你失去信任了。

承诺，承诺，以及另外两个信任定律

就算客户不在乎你会欺骗，你还是会有麻烦。做过一次不诚实的服务之后，下次再要求你做的时候就更顺理成章了。这个原则对完全诚实的行为也同样适用：一个服务只要做过一次，就意味着以后还可以再做。珍妮丝是我一个客户的培训经理，有一次她央求我给限额 20个人的培训塞进了 22 个人。她求我说她实在不知道怎么处理要拒绝人的事情，最后我让步了，但我非常仔细地向她解释，这算是特殊地帮一次忙，下不为例。

第二次讲座的时候，珍妮丝又多登记了两个人。当我提出我不会接受的时候，她说她原以为没问题的，因为上一次我也接受了。她不记得我的话，只记得我做的事，她把那当作无差别许可的暗示。如果我要打破它，倒显得我反复无常了。

这样的经验告诉我：绝对不要承诺不确定是否能做到的事情。但谁也没法对未来打包票，所以一条更好的规则是信任第八定律：

永远不要做任何承诺。

但是，一个顾问要是连承诺都不肯做，怎么能成功呢？难道每个合同不都是承诺吗？是的，合同是一种承诺，但它是一种有偶然性的承诺。合同说的是，我会尝试做什么事，如果我做到了，你会付我这么多的服务费；如果我没做到，你就不用付钱。合同也是书面的承诺，这有助于防止你在不知不觉中暗示某些承诺。

但是，就算是最严谨的书面合同，也会暗含某些承诺，所以这条定律你没法完全遵守。为了弥补这个不足，信任第八定律还必须配上信任第九定律：

永远信守诺言。

在珍妮丝的例子里，我仔细地向她解释，22 个人的时候讲座效果明显比较差。但她坚持认为，就算这样也比在最后一刻赶走两个人要强。因为我们之间有一个非正式的合同，我觉得有义务接受多出来的人以信守我的诺言。既然我已经知道珍妮丝不会改变非正式的合同，我在下次讲座之前改变了我们的**正式**合同。对多出来的人，我一个人多收了 2000 美元。珍妮丝觉得公平并接受了，之后的讲座里再也不用多加位置了。

合同和信任第十定律

说到合同，我又想到了福勒。福勒有次告诉我，他上过一个有关合同的课程，教授说只要记住 3 个非常重要的规则：

第一，把它写下来。

第二，把它写下来。

第三，把它写下来。

我相信每个顾问都应该记住这些规则。福勒照做了，但这里面还有些福勒不了解的东西。

尽一切可能把它落在纸面上，但永远不要相信有了书面合同，就不需要你和客户之间的信任了。书面合同对预防误解是一个非常有用的方法。比如所有涉及钱的协议都绝对应该写下来并由双方签字。可一旦没有了信任，书面合同就一文不值了。所以务必要遵守信任第十定律：

把它写下来，但还是要靠信任。

不管福勒在学校里面学的是什么，对顾问来说，没有合同的信任比没有信任的合同要好上无数倍。

信任和黄金法则

弄出十条定律看起来十分齐整，就像十诫一样。尽管如此，只用十条定律就想涵盖这个重要话题的方方面面，做到的可能性微乎其微。虽然十诫通行甚久，最后还是要修订，这促进了基督教的诞生。

所以，也许应该再给一条定律留下空间，这条可以涵盖所有其他定律没有涉及的东西，像第十一诫什么的。那这第十一诫到底是啥呢？我总是想不起来。不过，我确实记得它涵盖了前十诫没涉及的东西。

也许要是我哪天想起了这第十一诫，我就知道怎么写出一条终极信任定律了。我总有一天要把它找出来。这样的规则肯定算得上是黄金法则了。

第 14 章

让别人采纳你的建议

> 尽管你尽了最大的努力，
> 有些植物还是会死掉。
>
> ——在农场上学到的

咨询这行当有多古老？有人说伊甸园中的蛇是第一个顾问，它告诉夏娃（还是正确地）上帝肯定不会因为她吃了禁果而杀她。当然，蛇忘了警告她这有什么副作用。没有哪个顾问是完美的，这就是为什么顾问自己也需要建议。所以，在最后一章，我想与大家分享我自己的一个顾问给我的建议。

根

旅行很有趣，但在全世界那些奢华场所折腾几个礼拜之后，能回到我扎根的地方还是挺好的。和伏尔泰笔下的憨第德一样，我想回到我有个小农场的家里，侍弄侍弄我的花园。

在农场生活的好处之一是可以认识农民。对于城里人来说，要认识农民是一个很慢的过程，因为农场执行的是另一套时间表。你可能就住在农民隔壁，但其实是 800 米之外，过了好几年你们才能一次说上两三句话。你们在碰到时可能会挥挥手，要是靠的近，可能会说声"嗨"，但要过几个季度才会谈论复杂一点的话题，比如接下来几天是不是要下雨之类，或者第一次霜冻会在什么时候。

不过，要是碰到天灾，比如暴风雪、冰雹、洪水之类的，你的邻居会突然出现，带着各种各样的设备啊，食物啊，给你提供能想象到的每一种帮助。他们也不会说很多话，就是帮忙。然而，如果你不想要他们的帮助，只要点点头，说声"谢谢，不用了"，他们就又会沉默地消失。

因为农民不怎么说话，所以有些城里人觉得他们头脑简单。这就大错特错了。我的每个邻居都参与着几百万美元的生意，这生意还和另外 20 个业务有千丝万缕的联系。例如，我们有几亩地派不上什么好用场，所以就和经营奶牛场的邻居约翰做了个易货交易。他在我们的地上种草或者种庄稼，保持土壤条件良好。此外，他给我花园所需的所有秸秆和厩肥，并时不时地给我们家做各种零活。这种易货交易是一个复杂的贸易网络的一部分，已历经多年，尽管没有钱的交换，但差不多方方面面都能平衡。

约翰给我们厩肥还有另一个好处，就是他会看看我们的花园。我们要不问的话，他永远也不会给什么意见，不过经过多年我们已经学会了提问。去年春天，我正在种玉米的时候，约翰开车带来了一些厩肥。他站在那里一言不发，看我把玉米种子压实在土里。他一个字也没说，但是看他的表情，我觉得也许应该问问。

"你今年种玉米了没？"我说了句话来打破僵局。

"种了，"他说，"你是在种玉米？"

"当然，你不认识？"

"哦，你种玉米的方式我没认出来，我们不是这样种玉米的。你用的是什么套路啊？"

"好吧，"我有点戒备地说，"我听说，你得把玉米种子压实在土里，它才能长得牢。"

"有这回事？"

"当然，"我说，"你自己跟我说的，重要的是让玉米根深蒂固，这样才不会被大风吹倒。"

"呃，是，我是这么和你说的。可我没让你把它们压进土里啊。"

"可是这个包装上写着'用力压进土里'。"

"当然，"他说，"这是为了防止种子在下大雨的时候被冲走。可你是用脚把它们踩进去的啊，这样只会把土压得太紧，根根本就长不好。出根的时候土得很松，把它踩实了一点好处也没有。"

约翰走了以后，我改变了种植的方法。那年夏天，我看着这些玉米长大。可能只是心理作用，但我用脚踩实的那些长得是不怎么样，发芽的不多，就算活下来，也一直不如其他的苗壮。

几个月后，约翰又带给我们一些秸秆来铺花园。我们开始讨论我的浇水习惯，差不多还是先前谈话的套路。过了好久，我才从他嘴里套出我给玉米浇太多水了。我解释说，我是想让根长得好，才给它们浇很多水。

约翰乐了一下，告诉我，偶尔干燥一点才能迫使根向下生长来找水分，这让根扎得更深，也更强壮，刮起大风来才更有机会存活。要是我因故没空给它们浇水，它们自己也能搞定。

他从来都不直接告诉我正确的做法，而是只指出某种原理，然后就安静地走了。过后，一些植物死了，他只是耸耸肩膀说："这就是你要多种一点的原因啊。"

听了十多年这种温柔的意见后，我总算成为一个还过得去的园丁了。至少同样一片地，我干的农活只有原先的三分之一，收成却多了三四倍。

在农场上学到的

有一天，我在做一张顾问表时，忽然意识到约翰是我的园艺顾问。我整整十年都没有意识到这一点，所以约翰真是一名完美的顾问。他的风格源于一整套耕作方法，而这又源于长期观察植物及其对不同处理方式的反应。我列出了他教给我的一些园艺知识，看着这张单子，我发现要是有人想知道如何让任何客户都能遵循自己的建议，看这张单子再好不过了。下面就是约翰教我的一些东西。

1. **永远不要用便宜的种子。**种子就像是点子。在把植物培养长大之后，种子的成本相比所有的耕种运作来说微乎其微。与把点子发展成型的成本相比，获得点子的成本简直微不足道。所以，要确保你的点子都有最好的质量。在花大价钱培育它们之前，要尽一切可能找到最好的点子。

2. **精心准备土壤是所有园艺的秘诀。**我们很容易看到地上长了什么，但看不见植物所做的大部分事情。如果土壤没准备好，即使是最好的种子也长不好。好的土壤需要多年的准备，要是种子也好地也好，不管你怎么弄都不会出什么问题。事实上，你最好放手不管，让土地自己处理。换句话说，你在找到好点子之前所做的准备工作会决定点子有效与否。

3. **时机至关重要。**最好的种子，要是下种太早，刚刚出芽就会被倒春寒冻死。好种子要是下种太晚，可能永远都无法成熟结果。农民会花很多时间仰望天空，感觉土壤，尽全力弄清楚什么时候下种合适。顾问很容易一想出点子就四处宣扬，而不是等待适合它们发芽的那一刻。

4. **长得最牢的是自己长根的种子。**把周围的土壤压实来让植物牢牢抓住，这样的根是长不强壮的。你只需把土壤准备好，把种子放在那里，让它自己去扎根。它还小的时候可能需要一点保护，但你给的保护越少，它的根就越牢固。对点子来说也是如此，但有时我们似乎忍不住要把它们压进地里。

5. **浇水太多会让它变弱，而不是变强。**浇水太多会让植物变弱，因为这样它就不必把根深入地下去吸取水分了。施肥太多也一样。如果给植物施太多肥，它就光长叶，不结果。我们都想让自己的想法得到支持，这有时会导致我们过度宣传。为一个不成熟的想法投入太多资源会产生大量的行动，但结果很少。想法和植物一样，都需要一定程度的挣扎才能茁壮成长。

6. **尽管你尽了最大努力，有些植物还是会死掉。**如果抱着每一棵植物都得出类拔萃的想法来搞花园，你肯定会失望。如果指望所有的庄稼都能存活，你可能会挨饿。农民们因为总是面对一个大型的复杂系统，已经学会了承受失败而不往心里去。

好了，这些就是我从**我的**顾问那里学到的一些秘密。我想过把它们变成定律，但觉得约翰不喜欢这样。定律不是他的风格，而且他很可能会发现，顾问们太爱自己的想法了，可能没有意识到，比起真正的问题，这些想法是多么渺小。我是想再琢磨琢磨的，不过，现在我得去打理花园了。

附录 1 得到听书文稿：解决问题，先要洞悉人性和理解事物的复杂性 [①]

解读人：成甲，《好好学习》《好好思考》作者

关于作者

　　杰拉尔德·M.温伯格，美国软件领域最著名的专家之一，首批入驻美国计算机名人堂的代表人物，Weinberg & Weinberg 顾问公司的负责人。他热爱系统科学，一直致力于研究如何用系统化思维帮助别人解决问题。杰拉尔德·M.温伯格目前已经出版了超过 30 本广受欢迎的著作，在全球有着非常庞大的读者群。

[①] 本部分内容引自得到 APP 解读本书的听书文稿，已获得到 APP 官方授权，特此感谢。得到听书是得到 APP 的一款音视频类知识产品。

关于本书

本书是一本畅销近 40 年的咨询管理经典必读书，它融合了系统科学和心理学的双重视角，告诉你提出和寻求建议的智慧，即如何在洞悉人性和理解事物复杂性的基础上去解决问题。

核心内容

第一，解决问题的第一步是理解人的感受。

第二，显而易见的问题往往远离真相。

第三，如何避免解决问题的时候带来更多风险。

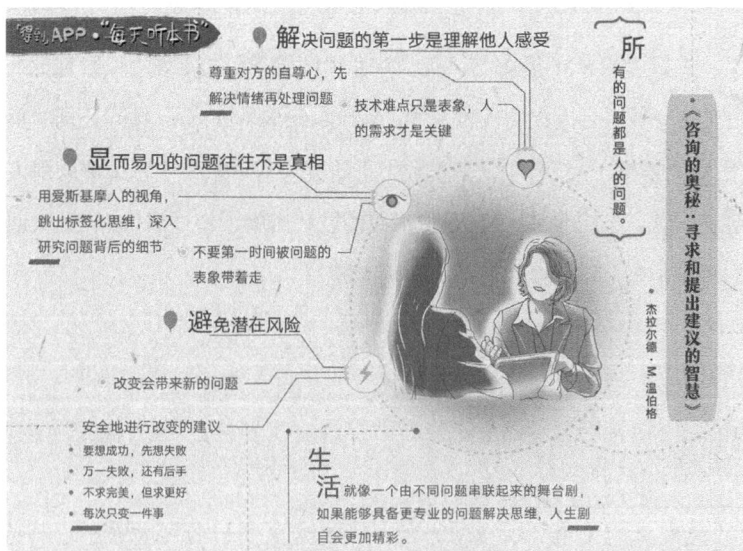

本书脑图（绘制：摩西）

前言

你好，欢迎每天听本书。我们今天解读的书是一本畅销近 40 年的咨询管理经典必读书，叫作《咨询的奥秘》，副标题是"寻求和提出建议的智慧"。这本书出版后广受欢迎，所以作者 16 年后又出版了一本同名续集书，只是副标题变成了"咨询师的百宝箱"。今天我们介绍的还是最经典的第一本《咨询的奥秘：寻求和提出建议的智慧》。接下来为你介绍本书的精髓：如何在洞悉人性和理解事物复杂性的基础上解决问题。

听到这个书名《咨询的奥秘》，就知道它是在教我们如何做咨询工作的，而提到咨询工作呢，我们通常会想到：有一帮咨询师，常常出入五星级酒店，用各种专业的工具方法给公司高管提建议。咨询师的这种专业工作，听起来和我们的日常生活没太大关系。不过，我们之所以会有这种感受，更可能的原因是我们很少去思考咨询工作的实质是什么。为什么咨询师能够处理很多复杂的问题？其实，我们稍加分析就会知道，这背后的原因是，专业的咨询师们掌握了更加有效的问题解决方法。如果你认同这一点，那么再深入想一步就会明白，掌握咨询师思维是一件极为重要的事情。因为我们的生活就像是一个由不同问题串联起来的舞台剧，如果有人能够具备更专业的问题解决思维，那他的人生剧目，显然会更加精彩。

不过，当我们真的想要学习咨询思维方式的时候，就会突然发现，市面上大部分的咨询书籍，往往讲的是解决具体问题的工具和方法，很少有一本书，能够专门介绍咨询师的思维方式。而在从思维方式去介绍咨询方法的少数经典著作里，如果以一本书的畅销时间和读者评价为标准的话，《咨询的奥秘》绝对算得上无法绕开的经典作品。

不过，要理解这本书如此长时间受人欢迎的原因，就必须了解这本书的写作时代背景以及作者本人的经历。本书的作者杰拉尔德·M.温伯格早年是一位软件程序员，用今天的话说，就是一位码农。他最早是在计算机领域学习软件编程，在工作中逐渐对系统科学的知识充满兴趣，这使得他解决问题的时候，往往比其他程序员看得更深刻，从而更高效。慢慢地，越来越多的公司聘请温伯格做顾问，帮忙解决计算机问题，结果，温伯格的身份就从一名软件工程师转型为一名咨询师。在 20 世纪 80 年代，他所热爱的系统科学领域知识，在这一时期也积累了大量前人的重要知识成果，整个系统科学学科正在向复杂性科学演进。这使得温伯格较前人更有机会深入学习研究系统科学的思想和方法。从此，他就一直研究如何用系统化思维帮助别人，当然还有他自己也解决问题。

而与此同时，20 世纪 80 年代也是以 IBM、惠普为代表的新型的 IT 行业快速发展的阶段，当时这些 IT 公司尽管聚集了一流的人才，不过他们对 IT 业务的咨询需求也在不断增加。温伯格在与各大 IT 公司长期合作之后，就在思考一个问题：为什么这么多聪明人集中的 IT 公司，仍然会搞砸很多在他看起来很简单的问题？这一定不仅仅是智商的问题。而这样的疑问，促使他开始思考和关注技术之外的问题原因——那就是人性对解决问题的影响。为此，他也进行了深入的心理学研究。

到了 1985 年，在积累了大量的咨询经验和心理学思考研究之后，温伯格出版了《咨询的奥秘》这本书。**这本书的最鲜明特点就是，它融合了系统科学和心理学的双重视角，帮助我们掌握解决问题的通用**

智慧。更值得一提的是，对大多数作家而言，要写一本系统科学和心理学相结合的书，对文字的驾驭能力要求是极高的，可是，温伯格却举重若轻，就像乔布斯用简洁的语言展示了科技与人文的交汇一般，温伯格用"幽默的案例和戏谑的调侃"把系统科学和心理学交汇后的洞见在半严肃半戏谑、半讲道理半讲故事的轻松行文中揭示了出来。我们只须举一个例子就能够看到作者的这种写作特点。

　　作者在书中介绍了一段他 13 岁时在超市工作的经历。当时超市的农产品部经理鲁迪非常头疼一个问题，就是如何在有限的货架里，摆上尽可能多的新鲜蔬菜。有一天，小温伯格提出一个非常智慧的建议，他发现，超市里的黄萝卜买的人特别少，超市可以把黄萝卜下架，换上畅销的蔬菜。鲁迪经理一听，非常开心，这个好主意一下子就解决了他最头疼的问题。可是，这个事情还没完，没过几天，鲁迪又把温伯格叫过来说：现在，黄萝卜没了，还有什么菜卖不动呢？温伯格从他 13 岁的这次经历中，总结了一个重要的规律，那就是：**当人们把生活中最困难的问题努力解决之后，第二困难的问题就变成了最头疼的问题。温伯格把这个发现，起名为鲁迪黄萝卜理论。**

　　类似的理论在书中比比皆是，比如树莓酱定律、伯丁追溯原理等。我们看中文版的时候，可能觉得作者这种有点随意又滑稽的命名方式，能让我们觉得好玩的同时，又减轻听人讲道理的压力。不过，如果你要阅读这本书的英文版，就会觉得这些名字起得更好玩，因为它们的发音还用了头韵或双关的手法。比如，鲁迪黄萝卜理论，英文是 Rudy's Rutabaga Rule, 伯丁追溯原理是 Boulding's Backward Basis。这种好玩的设计，也是作者特意利用心理学原理设计的阅读记忆点。

　　了解了作者的经历和这本书的特点，接下来，我们就从三个方面介绍这本书的核心内容，也是温伯格给我们的三个智慧启示：**第一，解决问题的第一步是理解人的感受；第二，显而易见的问题往往远离真相；第三，如何避免解决问题的时候带来更多风险。**

第一部分

先来看看：所有的问题都是人的问题，解决问题的第一步是理解人的感受。我们先来想象一个场景，如果我们在工作中遇到了一个技术难题，你认为什么样的人，是最合适解决这样的问题呢？关于这个问题，我们通常的看法都是：那一定找一个对这个问题有丰富经验、技术能力强的人。正所谓，术业有专攻。可是，在现实的生活里，问题可能没有这么简单。这个硬币还有另一面，有一句老话说："人对了，复杂的问题也简单，人不对，简单的事情也会复杂。"这里说的人对的意思，可不仅仅说的是能力对了，还有人和人之间的人际关系，感情要对，问题才好解决。换句话说，一个问题永远不是孤立存在的技术难题，它永远和人有关。

书中讲了一个很有趣的例子，有一个项目经理按小时付费花大价钱请作者温伯格给他公司去诊断问题，值得注意的是，按这种计费模式，咨询师的工作时间越长，客户给的钱就越多。你有没有觉得，这种计费方式是在鼓励咨询师延长解决问题的时间呢？为什么客户不按照解决这个问题值多少钱给出价格，让他尽快解决呢？温伯格给出了他的分析，他说，这种看似反常的逻辑背后其实是有道理的，想象一下，如果公司里一个项目经理面对这个问题，已经 3 个月甚至半年没解决了，现在请来一个顾问 3 天就给解决了，他以后在公司还怎么立足，如何继续做经理？所以，他只有花大价钱找外部的人，做了很久的时间才做出来，甚至 3 个月还没有做出来，那他在公司的地位才稳定，这个咨询的钱才花得值。

你看，上面这两个例子的共同点在于：我们遇到的问题，技术难点只是表象，人的需求才是关键。所以，我们解决问题的入手点就不能仅仅是技术解决方案，而要关心人的感受。换句话说，**每个人在遇到问题时，既有解决问题的欲望，也有维护面子的自尊心。你只有能够同时平衡这两种诉求，才能真正地帮到对方。**而反过来，如果你解决问题的时候，却伤害了对方的自尊心，那就会把一个简单的问题变复杂了。

之前有一个很有名的电视剧叫作《神医喜来乐》，这个电视剧的剧情很简单，讲的就是民间有一个神医叫喜来乐，被请到皇宫去给皇亲贵胄治病，每次他都比御医治得又快又好。结果，喜来乐把病人的病治好了，却得罪了御医，所以御医就在整个电视剧里不断给他使绊子。电视剧剧情就在这么一个用心治病、一个使劲给你出难题的过程中发展。当然，虽然《神医喜来乐》是一个虚构的故事，但我们稍微想一想就会发现，喜来乐的问题就是他只关注了如何解决问题，而没考虑到合作者的感受。

类似的情况也会发生在商业经营中。比如，日本早年为家庭妇女市场推出减轻负担的电饭煲这款新产品的时候，销量并不理想。这并不是因为家庭妇女不喜欢电饭煲的功能，而是她们担心，如果自己用电饭煲，会让婆婆和丈夫认为自己很懒惰，这样会让她们很没面子。所以，电饭煲厂家也是遇到了，只知道解决技术难题，而忽略了对方感受的问题。

　　那这种情况该怎么办呢？温伯格在书中给出了一个建议，那就是帮人解决问题时要遵循"百分之十法则"。什么是百分之十法则呢？就是说，每次遇到别人请你帮忙的时候，你只需要告诉对方，我只是在你的工作基础上，改进了10%。比如前面提到的3天都没有把领导布置的工作解决好的同事，如果当时你要帮忙，你可以跟他或领导这么说：小王前面几天的基础工作做得特别扎实，只不过我刚发现了有一小点地方可以改进，我们改动一下这里，或许就能最后完成。

　　温伯格在大量咨询中发现，大多数人会认为，如果别人帮自己改进了10%，那自己的自尊心是不会受到伤害的，可如果请来的人，帮自己改进得太多，超过了10%，可能就会让自己难堪。温伯格的这个发现，某种程度上和我们熟知的另一个道理密切相关，那就是遇到问题时，先处理情绪，再处理问题。只不过，温伯格更进一步，给了我们如何处理情绪的具体方法论，他教我们用百分之十法则保护对方的自尊，从而不触发到对方的负面情绪，否则我们就会像那个神医喜来乐一样，一直在努力解决问题，但其实也是一直给自己制造更大的问题。

　　作者还说，有时候一个问题可能不存在解决10%的阶段，就像那个神医喜来乐，把病治好了就是100%，没治好就是0。这个时候，喜来乐该怎么办？对于这个问题，请注意温伯格给出的解决方案，他的建议是：无论你最后实际带来的改变是多少，你都只承认10%，剩下的功劳给别人。换句话说，温伯格处理这种情况的理念，不仅仅建议不要邀功，甚至还要把功劳推让出去。如果温伯格有机会给喜来乐做咨询的话，他提出的建议估计是这样的：老喜啊，下次你再治好御医没治好的病时，你要和皇上说，你之所以能有幸治好这个病，其实是此前御医的这些方子给打下了基础，我只是在这个基础上，才能改进一二，治好病人。如此一来，可能喜来乐不仅不会得罪御医，说不定，他俩还能开展官民合作，公私合营，共同把清朝医疗事业给做大。

说到这，有些人可能会说，明明是自己的功劳，为什么偏要让给别人呢？这么想，其实也没错。不过，温伯格的智慧也恰恰体现在这些与众不同的思考上，他指出，问题的实质是：**你是想解决问题还是想证明自己？如果你是想解决问题，你就要理解人性，有时候要真正解决问题就要有人做出牺牲，如果要的是证明自己，那你就不是在解决问题。**

想想看，我们在生活中遇到的很多问题，很多时候不就是因为自己想更多地证明自己，反而使得问题越来越复杂的吗？回到那个日本电饭煲厂商的案例，后来他们的做法也改变了，他们不再强调电饭煲省力，而是说用电饭煲做的饭更健康美味，是更关心家庭健康品质女性的选择。结果电饭煲销量就逐渐上升了。这就是系统思考的大师温伯格给我们的第一个建议和提醒，解决问题的时候首先要先考虑人性，理解对方的自尊心。

第二部分

当我们关照了对方的自尊心之后，大家齐心面对问题，这个时候是不是就要一个个解决问题呢？关于这个问题，没那么简单，这就是接下来要探讨的：显而易见的问题往往远离真相。

想一想，你在快速解决问题的时候，有没有遇到过忙活了半天结果发现解决的不是真正的问题？或者大家讨论的不是一件事情？这种场合其实是特别多的，也是我们在解决问题时很大的一个误区，那就是一上来就解决问题。而高手真正解决问题的方式是，无论是别人的问题还是自己遇到的问题，都不会第一时间被问题的表象带着走。我们通常认为解决问题的高手，能够一针见血或者思考问题鞭辟入里，那什么是鞭辟入里？怎么就一针见血了？关于这点我们可以先反过来看，怎么不是一针见血？怎么就是对问题的表面做出反应呢？

打个比方，一个对马不了解的人，他看马时往往只能看到马儿最表面的特征，比如个头很大，这个时候他站在马旁边，就特别害怕马会踢自己一脚。这是他对"很大一匹马"这个显而易见的问题做出的反应。而一个饲养马匹的专家，却并不一样，他不仅能看到一匹马很大，他还会看到马儿其他无数特性，从判断它们的状态、习性、当时的情绪就会知道这匹马会不会踢人。

这个简单的例子容易让人理解什么是表面问题，那么我们再举一个更实际的例子。假如有一家面包企业请你为他们的面包事业发展做咨询。结果你尝了一口他们的面包，发现面包的口味很一般，比很多手工面包差远了。问题很明显，面包的口味不够好，要进一步发展，首先得提升面包口感。因此，你们首先要解决的问题是要用更好的原材料、更美味的配方等。这就是我们大多数咨询师会提的建议，可是温伯格特别聪明的地方在于，他提醒我们，第一眼看到的显而易见的问题，比如口味差，往往根本不是真正的问题。为什么？因为在很多情况下，在今天看起来非常愚蠢的事情，很可能是当时条件下特别合理的好决定。

我们继续这个面包的故事，这次我们换一个经验丰富的咨询师，他尝了一口口味普通的面包后，并没有说什么，而是提了一个问题，你们的面包为什么用这样的配方和口味？原来，这家面包公司一开始的面包是特别好吃的，用的面粉也是特别地道的，可是随着面包越来越受欢迎，这些精挑细选的优质的手工面粉不够用了，为了满足更多人的需求，他们不得不用普通的商品面粉。不过这也使得他们的面包事业有机会扩张到了整个城市，面包店也从乡村移到了市中心，可是面包店到了市中心以后，物流交通又成了问题，配送时间大幅增加，为了让面包在长时间运输中还能保持新鲜，他们不得不添加了可食用的保鲜剂。这样，面包店的规模就做得更大了，只不过面包的口味也变成了今天的样子。

所以，我们看到一个很明显的问题，往往就会认为它就是真问题。但其实，很多现象上表现出来的直观问题都是表象，真正的原因往往藏在大量细节的背后。温伯格把我们这种看到最明显的问题后，就将其当作是问题全部的习惯，称为"贴标签"。换句话说，**我们的大脑很习惯地给自己看到的问题贴一个标签，然后把这个标签当作要解决的问题**。比如我们给一个面包企业做咨询，尝了一口面包，就贴上口感差的问题标签，我们看到这个饭店的上菜速度慢，就会贴一个它服务质量差的标签。我们为第一眼看到的问题设置一个标签，然后大脑就以为自己知道了真相。

可是，事实未必如此，比如"IT男"这个标签。我们往往会认为IT男就是修计算机的、不修边幅的宅男。其实IT男分为：程序员、数据信息管理员、系统管理员、web产品经理等很多种。但我们大脑就是这么标签化地思考问题的，所以导致我们很容易受到大脑这种思考方式的影响。那该如何摆脱这种标签思维呢？温伯格用了一个非常巧妙的类比方式来解决，他建议我们用的视角来看待事物。在我们大多数人眼里，雪就是一个样子，只有一种。可是在因纽特人的语言里面，描述雪的词就有好几十个，他们能看到好几十种不同的雪，有细粉雪，有粗粒雪，有各种各样的雪，面对不同的雪的情境应当采取不同的行动。所以，我们要向因纽特人学习的是，深挖你描述的现象背后的细节，弄清楚究竟问题是什么。

因此，如果你是那个面包咨询师，真正要给这个面包企业提的建议可能就不是改进面包的质量，而是思考如果要进一步扩大规模进行面包生产销售的话，口感可能难以提高，但可不可以把面包的销售渠道，更多地拓展到那些对面包口感要求不高，但赶时间而又对食品安全有需求的年轻上班族。这就有点类似，肯德基这样的标准快餐会把店铺更多地开在火车站、地铁站等地方。这个建议显然要比提升面包口感更加可行。

这就是温伯格作为一个系统思考的大师，给我们解决问题的第二个建议和提醒。遇到问题时，直接贴标签的思考方式很危险，不要把体型大当作是马的全部问题，我们要深入研究，分析标签背后真正的问题是什么，这样才能给出直击痛点的答案。

第三部分

说到这里，一般咨询书籍就不会再往下写了，因为我们已经讲了如何发现问题了。咨询不就是给别人提供建议，告诉别人该怎么做吗？我们的任务不就已经完成了吗？可是温伯格厉害的地方是在于，他知道其实咨询师提建议根本不是工作终点，事实上，离咨询任务的完成还相差甚远，为什么？这就是我们分享的这本书的最后一个重要观点：如何避免解决问题的时候带来更多风险。

在温伯格看来，任何一个新办法、新建议，不仅可能会解决问题，还可能会带来新问题。你的建议只有在确保解决问题带来的利益大于制造新问题产生的损失时才有价值。用一句话概括温伯格的观点就是：**凡是建议，必有变化；凡是变化，必有风险。**

我们来举个例子说明这一点。有一年，温伯格和他太太去欧洲旅行，一般人出国旅游的时候，都是想着怎么玩，可是温伯格却知道，去一个新地方，就是一种变化，而凡是变化，必有风险。所以，温伯格还没出门，就先仔细思考并发现了此行可能存在 3 个风险。首先，此前他们从来没有去过欧洲，缺乏经验；其次，这次他们还带了 20 多个学生同行，增加了不确定性；第三，他们租了一辆新型号汽车，此前他们驾驶这种车的经验。前面我们提到，一个建议就会带来一个变化和风险。现在，3 个大的变化，带来的风险就是非常大的。不过，虽说凡是变化，必有风险，但温伯格并没有因此放弃出行，因为我们永远不可能活在没有风险的世界里。我们的关注点应该从避免风险，变成如何降低风险，让我们的改变变得可控。

怎么样降低风险，让我们的建议实行起来更有效呢？作者温伯格带着我们把思考这个问题的视野拉得更加开阔，从更高的系统影响层面入手，环环相扣地把如何安全地进行改变这个问题总结成了一系列方法。为了便于大家记忆，我将他的方法和理念归纳成了四句话：要想成功先想失败，万一失败还有后手，不求完美但求更好，每次只变一件事情。

什么意思呢？先看第一个，想要成功先想失败。温伯格在出发前，就在思考在什么情况下，这次旅行可能会一团糟，而如果你的公司今天要换一个在线办公 OA 系统，你也不要指望这个 OA 系统一上线，就能成功运作。想要让新系统顺利运作，作者让我们先考虑，这个系统上线后，会因为哪些原因导致失败？这就是要想成功先想失败。你要至少想出 3 点自己的新项目可能失败的原因，比如可能由于维护人员不熟悉新系统导致操作错误带来失败，还可能新系统的快捷键变了，大家用快捷键，结果误删了重要的资料，还可能由于新系统上线之后与公司其他系统匹配不好，造成数据丢失，等等。你看，当我们先思考可能失败的风险时，我们才会更未雨绸缪地为成功做准备。

不过，就算我们想得很全面，也难免有疏漏而遭受失败。所以，作者又建议我们采取第二个方案：万一失败还有后手。换句话说，给我们的建议是要有 Plan B，或者叫备用系统。比如，你要上新 OA 系统的时候，不要把旧系统停了，让它们同时运行，实在不行你还可以返回到旧系统来。而在刚才温伯格夫妇去欧洲旅行的故事里，温伯格为了降低风险，没有把所有希望都寄托在新车顺利出行上，而是提前预留了另一个出租车公司的电话，联系好对方，万一自己的车抛锚了，那个出租车公司能够派车替补上来。这就是万一失败还有后手。

最后，在我们做了各种万全准备之后，也不要抱着一次成功做到最好的想法，相反，作者建议我们的第三种处理方式是，不求完美但求更好。比如，上新的 OA 系统，不要求第一时间发挥它的全部性能，而是确保用它比用旧系统效率更高一点就可以，只要你能保证好这一点，然后慢慢改善，就可以发挥它的弱性能。

听到这里，估计很多人的第一反应是：太浪费时间和成本了吧。哪儿那么费事，我们先干起来再说。其实持有这样想法的人特别多，不过温伯格用他一贯严肃中饱含幽默的方式回应了这个问题，他说：

"你说得很对，浪费时间最可靠的办法就是丢掉谨慎。"我们放弃谨慎省下的时间，都会在我们日后遇到层出不穷的问题里以更大的代价花出去。

关于这一点，最典型的例子就是作者的一个亲身经历，他当年去给福特汽车的埃德塞汽车项目做咨询顾问，帮他们设计一款集合了大量新点子的新车，可事实是整个项目最后一败涂地。因为当所有全新的点子放到一辆汽车上的时候，就会产生根本不知道哪里会出问题，出了问题可能也没办法修补解决的更大问题。

而与此相对应，让温伯格特别感慨的是大众汽车，大众汽车的每一款新车都只改变一个地方，而且每一次改变都会做很长时间的测试，所以很多人觉得大众车怎么老是那个样子，可是大众知道在一个大的系统当中改变一点风险都很大，改变很多时候是会导致失控的。而这，也是作者给我们提出的第四个降低风险的建议：每次只改一个点。如果你搬了新家去上班，那么就不要换新闹钟叫醒你，不要同时改变两件事情。

如果我们把作者上面的几个建议整合成一个完整的方法，就能提炼出一个安全地进行改变的通用方案，那就是：**每次只改变一件事情，这件事情要安排在非关键任务上进行磨合，逐步提升效率，同时要考虑可能失败的情况，为此留下备选方案。**比如你招聘一个新员工的时候，每次只招一个人，允许他有长时间的低生产率磨合期，给他有意义但不关键的工作，为他不可避免的失败准备好备选方案，确保他能够一步步发挥自己的才能。如果你要给公司换新计算机，每次只换一台计算机，允许计算机先低工作时间地磨合，处理有意义但非关键的任务，为它不可避免的失败留出备用计算机。

到这里，我就介绍完了作者给我们的解决问题的最后一个提醒：**你的任何建议不仅能带来你想到的好处，也可能带来你想不到的坏处。你要确保你的建议可以安全地实施。**

总结

上面这些内容，就是系统思考大师温伯格在《咨询的奥秘》这本书中给我们提出的各种建议。其实，大多数人在阅读《咨询的奥秘》的时候，可能最容易看到的是书中提到的几十个定律和原理，似乎这是这本书的核心。但是，我们作为一个阅读者，如果可以在作者给出的一条"明线"之外，还能洞察他文字背后的思想"暗线"，那我们就更能抓住作者的思想精髓。比如，我们可以发现，作者告诉我们的这些案例和规则，背后都有一个共同的源头，那就是**如何在理解人性的基础上，用系统思考解决问题**，这是一种比具体方法更深刻的智慧，所以这本书的副标题叫作："寻求和提出建议的智慧"，而不是寻求和提出建议的方法。

回顾一下这本书的三个核心观点：

首先，解决问题的第一步是理解人的感受，在尊重对方自尊心的情况下去解决问题。

其次，显而易见的问题往往远离真相，它可能是我们给问题贴的标签，我们要发现真正的原因，就要沉下心来研究问题背后的细节。

最后，即使你得到了一个解决方案和结论，你也要考虑如何避免解决问题的时候带来更多风险，要确保自己的建议可以安全地实施。

附录 2　参考读物和其他资源

一本书造就不了一个顾问。我干咨询已经三十多年了，看过几千本书，现在每年还会学习更多的东西。即便如此，我还是很容易掉进陷阱，相信自己**终于**知道了所有值得了解的东西，从今往后只要把自己的知识传播到全世界就是了。这就是我相信每个顾问都应当建立并遵循一套个人学习计划的原因。

我自己的计划包括每个月至少看一本书，每年至少参加一次大型讲座。当然，只要有可能，我就会超额完成计划，特别是试图在工作中学习。这是最好的方式，但不是唯一的方式。我还会从客户身上获得关于到哪里去学习的好点子。我看的大部分新书和参加的研讨会都出自客户的建议。照这样说，客户问我要些建议也是理所当然的，所以接下来的几页就是让你学到更多咨询奥秘的一些建议。

有效的思考

几十年前，我的研究生课题是关于思维和问题解决的研究，那会儿这个课题在心理学中还非常边缘。不过近几年，思维和问题解决终于得到了认可，并出现了几本非常棒的书。最早出版的好书之一是

Adams, James L. *Conceptual Blockbusting*. San Francisco: W. H. Freeman, 1974.[①]

Adams 在书中谈到了如何摆脱思维卡壳的问题，这本书是很好的万用晃动器。

另一本早期经典是

McKim, Robert H. *Experiences in Visual Thinking*, 2nd ed. Monterey, Calif.: Brooks/Cole, 1980.

McKim 训练人们以直观图像的方式进行思考，以避免十分常见的卡在语言陷阱里的问题。

更广泛的方法可参见

Waddington, C. H. *Tools for Thought*. New York: Basic Books, 1977.

Waddington 研究了许多思维工具和辅助工具，正式的、非正式的，新的、旧的都有。

当然，很多所谓"新"工具只是曾经被我们忽视了。我非常欣赏苏非派的作品，且深受其影响。苏非派是矛盾方法和其他一些方法的大师。如果你没有读过苏非派的著作，可以从这本既有趣又有启迪意义的书开始：

Shah, Idries. *Wisdom of the Idiots*. London: Octagon Press, 1969.

这本书非常好，不过其实你可以从伊德里斯·沙赫的任何一本书读起。他几乎是凭一己之力将苏非派的思想带给现代西方读者的。

要是不给你推荐我自己的一些关于解决问题的书，我的出版商和会计该着急了。轻松友好的一本是：

---

① 台湾译本：James L. Adams 著，简素玲译，《创意人的思考》，远流出版社，1996。——译者注

Gause, Donald C., and Gerald M. Weinberg. *Are Your Lights On?: How to Figure Out What the Problem Really Is*. New York, Dorset House Publishing, 1990.[①]

如果你靠解决问题吃饭，特别重要的一点就是，要确定自己在解决正确的问题。定义好问题可以帮助你正确地开始，而好的开始对顾问尤为重要。大约五十年前，我决定写一本书来讲讲遇到新情况后的头五分钟我脑海里出现的事情，特别是想把握整个局面的努力。十五年之后，已经变成了至少要出四本书才能讲清楚，头两本是

Weinberg, Gerald M. *An Introduction to General Systems Thinking: Silver Anniversary Edition*. New York: Dorset House Publishing, 2001.

以及

Gerald M. Weinberg and Daniela Weinberg. *General Principles of Systems Design*. New York: Dorset House Publishing, 1988.

这两本书比你手上拿的这本要难读一点，不过很多顾问说读完之后收获颇丰，非常值得阅读。乍一看它们用到挺多数学，但实际上是想把先前隐藏在数学外衣下的问题揭示出来。

与人一起工作

所有的顾问都是和人一起工作，所以不管你的咨询业务做得有多么棒，提高与人一起工作的能力肯定能让你受益。五十年来，这项自

---

① 本书中文版《你的灯亮着吗》已由人民邮电出版社出版。——译者注

我提升工作的标准起点是：

Carnegie, Dale. *How to Win Friends and Influence People*. New York: Simon and Schuster, 1936.[1]

这本书经过修订更为与时俱进，但基本的东西和三代之前一样。

另一本出版时间更近一点，但一样非常实用的书是：

Bolton, Robert. *People Skills: How to Assert Yourself, Listen to Others, and Resolve Conflicts*. Englewood Cliffs, N.J.: Prentice-Hall, 1979.[2]

不管你做顾问的技巧有多么纯熟，经验多么丰富，仍然很可能从博尔顿对"人际技巧"的系统探讨中获益，起码我是这样。

谈到人际技巧，对顾问和有志于做顾问的人而言，非常重要的一点就是如何给出和接收反馈。由于缺乏其他说得过去的参考书，我的朋友西硕尔夫妇和我决定自己写一本书来填补空白：

Seashore, Charles N., Edith Whitfield Seashore, and Gerald M. Weinberg. *What Did You Say? : The Art of Giving and Receiving Feedback*. Columbia, Md.: Bingham House Books, 1997.

个人咨询

一种非常特别的技巧是为别人的个人问题提供指导。顾问常常会发现自己成了客户的个人咨询师，有时候不知不觉就进入了这种危险

---

[1] 卡耐基的这本书国内有无数个译本，多名为《人性的弱点》，也有直译为《如何赢得朋友和增强影响力》者。——译者注

[2] 中文版：罗伯特·博尔顿著，徐红译，《人际关系学：如何保持自我、倾听他人并解决冲突》，天津社会科学院出版社，2012。——译者注

的角色。这就是为什么我向所有顾问推荐这本书：

Kennedy, Eugene. *On Becoming a Counselor*. New York: Continuum Publishing Co., 1980.

Kennedy 的书是给那些并非专业咨询师却常常发现自己在做类似的事情，想要至少知道怎样避免造成伤害的人看的。

会议

另一个顾问们非常熟悉的角色是会议的与会者或组织者。如果顾问看过下面这本书，会议就可能更高效一点：

Doyle, Michael, and David Straus. *How to Make Meetings Work*. Chicago: Playboy Press, 1976.[①]

多伊尔和斯特劳斯开发出一套组织和管理各种会议的"互动方法"。利用书中清晰阐述的这种方法，我帮几十个客户把会议时间从痛苦的时光变成了欢乐的时光。

关于会议还有其他一些好书，不过《开会的革命》仍然是我的最爱，除了下面这本关于专业技术会议的书：

Daniel P. Freedman , and Gerald M. Weinberg. *Handbook of Walkthroughs, Inspections, and Technical Reviews*, 3rd ed. New York,

---

① 中文版：多伊尔、斯特劳斯著，刘天佑译，《开会的革命》，国际文化出版公司，2004。——译者注

Dorset House Publishing, 1982.[①]

我的很多咨询工作都采取了对进行中的项目进行批判性审查的形式。技术审查可以带来技术成长，或造成很大的焦虑和冲突，这取决于如何领导。我感觉这本问答形式的手册对于所有花时间参加审查会议的人来说都是一本必不可少的指南。当然，这是我自卖自夸了。

应对阻力

我已经提到，我应对阻力的方法来自

Block, Peter. *Flawless Consulting: A Guide to Getting Your Expertise Used*. San Diego: University Associates, 1981.[②]

这本书整体上对顾问都很有用，但它在关于处理阻力以及和客户建立正确的"合同"方面讲得尤其好。

另一本专门讲阻力的书是：

Carol M. Anderson, and Susan Stewart. *Mastering Resistance*. New York: The Guilford Press, 1983.

安德森和斯图尔特是从家庭治疗师的角度来写的。但如果跳过历史和理论的部分，剩下的应该对几乎任何顾问都有用。

---

① 中文版：弗里德曼、温伯格著，唐云深、胡庆培译，《走查、审查与技术复审手册》，清华大学出版社，2003。——译者注
② 中文版：布洛克著，于凤霞译，《完美咨询：咨询顾问的圣经》（第二版），中国劳动社会保障出版社，2003。——译者注

家庭模式

对于几乎所有咨询情景来说，家庭模式都是很有力的一种方式。这种观点是维吉尼亚·萨提亚特别提出的，见于

Satir, Virginia. *Conjoint Family Therapy, 3rd ed.*, Palo Alto, Calif.: Science and Behavior Books, 1983.[①]

以及

Peoplemaking. Palo Alto, Calif.: Science and Behavior Books, 1972.[②]

我受维吉尼亚·萨提亚的作品影响很深。我先是在读《家庭如何塑造人》时注意到她的激进方法，这本书很好地体现了她关于如何与他人互动的再研究的结果。《联合家族治疗》是针对家庭治疗师的更为全面的教科书，但和她所有其他书一样，这本书一点也不学究气。

体验式培训

有很多组织为那些想要影响别人的人提供了有价值的体验式培训。体验式培训似乎比其他形式的培训更贵，但如果做得好，价值也要高得多。不过很重要的是要选择一位一流的教练。要做到这一点，最好的办法是通过个人推荐。但个人推荐会随着时间的推移而失去价值，很大程度上是因为教练或他们的组织发生了变化。例如，在

---

① 台湾译本：萨提亚著，吴就君译，《联合家族治疗》，张老师文化，2006。

——译者注

② 新版译本：萨提亚著，易春丽译，《新家庭如何塑造人》，世界图书出版公司北京公司，2006。——译者注

本书第一次印刷时，我说我能担保由维吉尼亚·萨提亚创办的 Avanta Network 提供的培训。不幸的是，维吉尼亚已经过世，Avanta Network 也不再以我所经历的那种形式存在了。

信任

你当然可以信任我推荐的温伯格的书和讲座，但你肯定应该自己拿主意。我知道的唯一一本专门讲信任这个关键话题的书是：

Gibb, Jack R. *Trust: A New View of Personal and Organizational Development*. Los Angeles: The Guild of Tutors Press, 1978.

值得一读。相信我。

咨询行业

还有很多顾问写的咨询书。Block 的《完美咨询》在我看来是最好的，接下来还有：

Steele, Fritz. *Consulting for Organizational Change*. Amherst, Mass.: University of Massachusetts Press, 1975.

Steele 和 Block 都更注重深度而不是广度，他们的书都涵盖了最重要、最困难的话题，而不是面面俱到。不过我觉得肯定有试图包罗万象的书，其中一本是：

Lippitt, Gordon, and Ronald Lippitt. *The Consulting Process in Action*.

La Jolla, Calif.: University Associates, 1978.

虽然多年前 Ronald Lippitt 做我的老师时，我从他身上学到了很多，但我从这本书中学到的并不多，也许是因为讲得太宽泛了，也可能是它缺乏他的个人特色。

即便如此，还是有人更喜欢学术化的方法，至少是在某些问题上。这样的人可能会喜欢

Nadler, David. *Feedback and Organizational Development: Using Data-Based Methods*. Reading, Mass.: Addison-Wesley, 1977.

Nadler 谈到了在组织中收集数据。比起这些"基于数据"的办法，我个人更喜欢参与者 – 观察者的模式，不过顾问必须找到自己的风格，以适合自己的个性和技能。

咨询业务

几本试图研究咨询业务的书不那么关注个人，比如：

Greiner, Larry E., and Robert Metzger. *Consulting to Management*. Englewood Cliffs, N.J.: Prentice-Hall, 1983.

以及

Kelley, Robert E. *Consulting: The Complete Guide to a Profitable Career*. New York: Charles Scribner's Sons, 1981.

我看这些书时的第一反应就是，如果你需要靠看这些书来当个成功的顾问，很可能就成不了成功的顾问。反过来，我知道有些本可以很出色的顾问失败了，因为他们没有注意一些很基本的细节，比如要

开出账单并做税务记录等。这些书确实概述了欲成为专业人士需要什么，特别是那些人们不愿意去想的基本问题。

个人发展

日记

在最后的分析中，自我是所有顾问的主要工具。自我发展有很多可能的途径，但我要说，自我发展的一个基本工具就是日记。日记起到了个人顾问的很多作用。没有日记，就很难看到自己长期发生的变化。埃尔拉·普罗哥夫是日记运动的公认领导者，你可能会想看

Progoff, Ira. *At a Journal Workshop*. New York: Dialogue House Library, 1975.

我认为记日记很有价值，因此我在下面这本书中拿出了一章来讲这个技巧：

Gerald M. Weinberg. *Becoming a Technical Leader*. New York: Dorset House Publishing Co., 1986.[①]

不过，你也用不着看书才能开始记日记。只要给自己买一个记事本，开始记下你对自己的想法和观察就行了。

---

① 中文版：温伯格著，朱于军等译，《成为技术领导者》，清华大学出版社，2003。

——译者注

继续教育

因为时间安排不规律，顾问要利用传统的教育体系可能有困难。他们要比其他人承担着更多自主学习的责任。这就是为什么每个顾问都应该看看

Gross, Ronald. *The Lifelong Learner*. New York: Simon and Schuster, 1979.

这本书充满了自我充电的点子、建议和特定资源，大部分可以在顾问的时间表和预算中完成。

如今，对于某些课题，互联网上提供了很好的自学课程，这对顾问而言十分方便。互联网上可能还有多出十倍的糟糕的自学课程，所以买的时候要小心。

幸福

我最后推荐的一些书无一例外都是在帮助你变得更出色。有几位作家给了我很大的影响，我想和你分享。我们就从维吉尼亚·萨提亚开始吧，我前面已经提过她了，她有三本小书，每个人都可以从中受益：

Satir, Virginia. *Self-Esteem*. Milbrae, Calif.: Celestial Arts, 1975.

Making Contact. Milbrae, Calif.: Celestial Arts, 1976.

Your Many Faces. Milbrae, Calif.: Celestial Arts, 1978.[1]

维吉尼亚·萨提亚受卡尔·罗杰斯影响很大，我也是。如果你不知道罗杰斯，可能会想读上他一两本书：

Rogers, Carl. *On Personal Power*. New York: Dell, 1977.

On Becoming a Person. Boston: Houghton Mifflin, 1961.[2]

A Way of Being. Boston: Houghton Mifflin, 1980.

最后，我必须提一下伯特兰·罗素。虽然他获诺贝尔文学奖可能跟下面这本小书关系不大，我却深受其影响：

Russell, Bertrand. *The Conquest of Happiness*. New York: Signet Books, 1951.[3]

以其一贯的直入笔法，罗素成功回答了如何获得幸福的古老问题。很难想出比它更好的有效咨询的例子了。

---

[1] 这三本书均有台湾译本，分别为《尊重自己》《与人接触》《心的面貌》，吴就君译，张老师文化。——译者注

[2] 中文版：罗杰斯著，杨广学等译，《个人形成论》，中国人民大学出版社，2004。——译者注

[3] 这本经典著作现在已经可在互联网上查到全文。在国内亦有多个译本，以傅雷先生译本《幸福之路》最为著名。——译者注

附录 3　定律、法则和原理列表

咨询第一定律，第 4 页

不管客户和你说什么，问题总会有。

咨询第二定律，第 5 页

不管一开始看起来什么样，它永远是人的问题。

咨询第三定律，第 5 页

永远别忘了客户是按小时付费，而不是按解决方案付费的。

百分之十承诺定律，第 6 页

永远不要承诺百分之十以上的改进。

百分之十解决方案定律，第 6 页

如果不小心让改进超过了百分之十，要确保没人注意到它。

马文定律，第 7 页

不管客户在做什么，都要建议他们做些别的。

功劳法则，第 8 页

你要是在意功劳记在谁头上，那就啥事也干不成了。

独行侠幻想，第 9 页

要是客户没有表现出对你的欣赏，就假装他们被你的表现惊呆了，但千万别忘了这只是你的幻想，不是他们的。

咨询第四定律，第 10 页

要是他们没聘用你，不要帮他们解决问题。

树莓酱定律，第 12 页

铺得越广，摊得越薄。

要名还是要利，自己挑吧。

温伯格双胞胎定律，第 15 页

大部分时间，在世界上大多数地方，不管人们有多努力，都不会发生什么大事。

鲁迪黄萝卜理论，第 19 页

一旦你解决了头号问题，二号问题就升级了。

困难定律，第 20 页

要是不能接受失败，做顾问就永远不会成功。

确实有人做顾问成功了，所以失败肯定还是可以应对的。

更困难定律，第 21 页

一旦解决了头号问题，你就让二号问题升级了。

最困难定律，第 22 页

帮助自己比帮助别人更难。

悖论，第 25、26 页

不要理性，要合理。

自以为无所不知的人最容易上当。

生活太重要，所以不能太较真。

折中处理，第 29、32 页

不付出就什么也得不到。

提升一方面，就要牺牲另一方面。

费舍基本定理，第 34 页

你越适应现状，就越难适应变化。

第三次魔咒，第 37 页

顾问一般在解决你提出的第三个问题时最有成效。

橙汁测试，第 40 页

我们能做。这是所需的费用。

医学上的头号秘密，第 44 页

百分之九十的病会自愈，根本用不着医生插手。

马文的头号秘密，第 45 页

要温柔地对待能够自愈的系统。

工程第一法则，第 45 页

没坏的话，就不要修。

马文的第二大秘密，第 46 页

反复治疗一个可以自愈的系统，最终会让它不能自愈。

马文的第三大秘密，第 46 页

每个处方都包含两部分：药品和正确使用它的方法。

马文的第四大秘密，第 47 页

如果已经做过的事情没能解决问题，就告诉他们做点别的。

马文的第五大秘密，第 48 页

务必让他们付给你足够多的钱，这样他们才会照你说的去做。

咨询中最重要的活动就是开出正确的价码。

马文的第六大秘密，第 48 页

来得好不如来得巧。

伯登法则，第 50 页

要是你不能改掉缺点，就把它变成特点。

镀金法则，第 56 页

要是没法当成特点来宣扬，那就冒充一下。

逆镀金法则，第 58 页

所有镀金的东西都得改正。

锤子定律，第 62 页

圣诞节收到一把锤子的孩子会发现所有东西都需要敲打。

白面包警告，第 67 页

"如果你用同样的做法，就会得到同样的面包。"

伯丁追溯原理，第 68 页

事情是一步步变成现在的样子的。

斯巴克斯解决问题定律，第 69 页

你越接近找出造成问题的人，解决问题的机会就越小。

研究指南，第 69、70 页

保持简单，不要太详细；你是顾问，不是律师。

研究是为了理解，不是为了批评。

在现状中寻找你喜欢的东西并加以赞美。

"为什么"诅咒，第 75 页

我们可能会把能源耗尽，或者空气，或者水，或者食物，但我们永远都不缺理由。

标签法则，第 77、78 页

我们大多数人买的是标签，不是商品。

事物的名称并不是事物本身。

三个手指法则，第 80 页

你用一根手指指别人的时候，看看另外三根手指在指哪里。

五分钟法则，第 81 页

客户永远都知道怎么解决自己的问题，并且会在头五分钟里讲出来。

平均定律，第 86 页

高效的问题解决者可能有很多问题，但很少会有某一个特别重大的问题。

温伯格离奇定律，第 97 页

有时候觉得离奇，只是因为眼界不够。

三的法则，第 97 页

要是你想不出计划中可能出现的三处问题，你的思维肯定是哪里出了问题。

对不一致的洞察力，第 102 页

语言和音乐不搭配的时候就指出了一个缺漏。

布朗的天才遗产，第 103 页

语言经常很有用，但听听音乐总有好处，特别是你自己内心的音乐。

主管线格言，第 110 页

你不知道的东西可能不会伤到你，但你记不得的东西肯定会。

薯片原理，第 112 页

如果你了解你的受众，就很容易设置提示物。

泰坦尼克效应，第 116 页

以为灾难不可能发生，往往会导致不可想象的灾难。

晃动定律或干预第一定律，第 135 页

少即是多。

逆温伯格定律，第 146 页

有些时候，在某些地方，会发生重大的变化，特别是人们没有努力去改变它的时候。

变化第一定律，第 148 页

黄瓜被卤水腌的多，卤水被黄瓜染的少。

普雷斯科特腌黄瓜原则，第 149 页

如果小系统试图通过长期和持续接触来改变大系统，那么最后更可能是自己发生变化。

流浪者法则，第 152 页

努力留在家，会让你变成流浪者。

留守者法则，第 153 页

努力去旅行，会让你变成留守者。

罗默法则，第 154 页

失去一个东西的最好办法就是努力留住它。

快餐谬误，第 157 页

没区别加上没区别加上没区别……最后等于很大的区别。

聚沙成塔，集腋成裘。

福特基本反馈公式，第 159 页

人们可以从任何一条河流里随便取水并用于任何目的。人们必须把等量的水还回取水处的上游。

温伯格测试，第 162 页

你愿意把自己的生命托付给这个系统吗？

"新"的定律，第 169 页

新玩意儿从来就不好使。

最好的找客户的方式是有客户。

营销第三定律，第 206 页

每个礼拜至少花一天时间来曝光自己。

营销第四定律，第 207 页

客户对你总是比你对他们更重要。

营销第五定律，第 209 页

永远不要让一个客户占到总业务的四分之一以上。

营销第六定律，第 210 页

最好的营销工具是满意的客户。

营销第七定律，第 213 页

把最好的想法送人。

营销第八定律，第 214 页

自己加了个蛋之后味道更好。

营销第九定律，第 215 页

至少留出四分之一的时间什么都不做。

营销第十定律，第 217 页

为质量营销，而不是为数量。

定价第一定律，第 221 页

付给你的钱越多，对你的爱就越多。

付给你的钱越少，对你的尊重就越少。

定价第二定律，第 222 页

钱一般是价格中最小的一部分。

定价第三定律，第 223 页

定价不是一个零和游戏。

定价第四定律，第 224 页

如果你需要这份钱，就别接这个活儿。

定价第五定律，第 226 页

如果他们对你的工作不满意，就不要拿他们的钱。

定价第六定律，第 226 页

金钱不只是价格。

定价第七定律，第 227 页

价格不是一件物品，而是谈判达成的关系。

定价第八定律 / 最小遗憾原则，第 228 页

设定的价格应该让你不论谈没谈成都不后悔。

定价第九定律，第 230 页

所有价格最终都是基于感觉的，你的感觉，还有他们的。

信任第一定律，第 234 页

除了你自己，没人在乎你让别人失望的理由。

信任第二定律，第 235 页

信任需要多年才能赢得，但只需一瞬间就可失去。

信任第三定律，第 235 页

人们不再信任你的时候不会告诉你。

信任第四定律，第 237 页

赢得信任的技巧就是避免所有的花招。

信任第五定律，第 239 页

人是绝不会撒谎的——在他自己眼中。

信任第六定律，第 240 页

永远信任你的客户，不过要自己切牌。

信任第七定律，第 242 页

就算客户要求，也永远不要不诚实。

信任第八定律，第 243 页

永远不要做任何承诺。

信任第九定律，第 243 页

永远信守诺言。

信任第十定律，第 244 页

把它写下来，但还是要靠信任。

在农场上学到的：

永远不要用便宜的种子。

精心准备土壤是所有园艺的秘诀。

时机至关重要。

长得最牢的是自己长根的种子。

浇水太多会让它变弱，而不是变强。

尽管你尽了最大的努力，有些植物还是会死掉。